비즈니스 매직

비즈니스 매직

발행일   2022년 2월 9일

지은이   고삼식, 구성본, 김영작, 신애란, 이성희, 조동희
펴낸이   손형국
펴낸곳   (주)북랩
편집인   선일영   편집   정두철, 배진용, 김현아, 박준, 장하영
디자인   이현수, 김민하, 허지혜, 안유경, 신혜림   제작   박기성, 황동현, 구성우, 권태련
마케팅   김회란, 박진관
출판등록 2004. 12. 1(제2012-000051호)
주소   서울특별시 금천구 가산디지털 1로 168, 우림라이온스밸리 B동 B113~114호, C동 B101호
홈페이지   www.book.co.kr
전화번호   (02)2026-5777   팩스   (02)2026-5747

ISBN   979-11-6836-174-4 03690 (종이책)   979-11-6836-175-1 05690 (전자책)

(주)북랩 성공출판의 파트너

북랩 홈페이지와 패밀리 사이트에서 다양한 출판 솔루션을 만나 보세요!

홈페이지 book.co.kr   ·   **블로그** blog.naver.com/essaybook   ·   **출판문의** book@book.co.kr

작가 연락처 문의 ▶ ask.book.co.kr

작가 연락처는 개인정보이므로 북랩에서 알려드릴 수 없습니다.

비즈니스 현장에서 사람의 마음을 얻는 **마술 40가지**

고삼식 · 구성본 · 김영작 · 신애란 · 이성희 · 조동희 지음

비즈니스 매직

현직 마술 강사 6인이 유튜브 영상으로 알려 주는
비즈니스 현장에서 상대방의 호감을 사고
즐거운 분위기를 이끌어 내는 마술들의 비밀!

북랩 book Lab

책머리에

‘마술’이란 단어는 언제 들어도 호기심을 갖게 만드는 단어다. 지금은 유튜브 등 다양한 온라인 매체를 통해 마술을 쉽게 접하고 배워 볼 수 있는 여건이 조성되어 있다. 하지만 불과 10~15년 전만 해도, 마술을 제대로 배우기 위해서는 마술 학원을 찾아 수강을 해야만 제대로 마술을 배울 수 있었다. 내가 만약 직업으로서의 마술사를 꿈꾸거나, 취미 수준을 넘어 조금 더 전문적인 마술을 배우고 싶다면, 여전히 온라인으로는 한계가 있다. 그러므로 전문가 과정을 운영하는 마술 학원이나 마술 학과로 입학을 하는 방법이 가장 좋은 방법이라고 생각한다.

2000년대 초반, 한국에서 마술 붐이 한창 일어났을 때, 마술

학원 수강생은 대부분 초·중·고 학생들이었다.

　하지만 언제부터인가 학생들보다 성인들이 마술을 더 많이 배우게 되었는데, 그들의 직업군을 살펴보면 가장 많은 분야가 교사 직군이다. 어린이집, 학원, 초·중등 교사, 혹은 교육 관련 학과 학생들이 마술을 많이 배우고 있다. 교육 현장에서 주의 집중 유도 등에 활용도가 높기 때문이다.

　그다음으로 많은 직군들이 바로 세일즈 업종 관련 종사자들이다. 자동차, 보험 분야 등등 많은 사람들을 만나야 하는 직업인들이 마술을 배워 다양한 업무 현장에서 활용하는 경우가 많았다.

　「마술 하는 영업사원 ○○○ 씨」라는 제목으로, 당시 자동차 판매왕으로 유명했던 어느 세일즈맨에 대한 뉴스 기사도 나온 적이 있다. 그밖에도 다양한 기업 및 기관 단체 연수에서도 마술을 배우는 경우가 많은데, 사후 교육 평가에서 교육 만족도가 가장 높은 분야가 바로 마술이다.

　세상의 모든 비즈니스는 사람이 하는 것이고, 사람의 마음을 얻는 것이 가장 훌륭한 비즈니스 기법이 아닌가 생각한다. 내가 누군가에게 마술을 보여 주겠다고 말하는 순간, 사람들은 금세 나에게 호기심을 갖고, 나의 말과 손짓에 집중하게 된다. 나의 손을 통해 신기한 현상이 연출되면, 내 앞의 상대는 결국 웃음을 터뜨린다. 그 순간 상대와 나 사이에 있던 보이지 않는 벽이 허물어지며, 긴장감이 완화되어 금세 편안하고 즐거운 분위기를 형성한다.

이 책의 저자들은 현업에서 종사하는 프로 마술사이거나, 마술과 비즈니스를 겸하는 전문 마술 강사들이다. 우리는 현장에서 가장 많이 사용되고 효과가 검증된 마술을 모아 이 책을 펴내기로 했다. 단언컨대, 이 책은 여러분에게 비즈니스 현장에서 활용할 수 있는 검증된 마술을 가장 효과적인 방법으로 알려 줄 것이다. 사람들을 만날 때, 회식 자리에서, 혹은 송년회나 야유회 같은 행사에서, 여러분은 멋진 마술을 선보여 함께한 사람들에게 박수를 받게 될 것이다. 물론 세상에 공짜는 없다. 사람들 앞에서 성공적으로 마술을 보여 주기 위해서는 많은 연습과 노력이 필요하다. 하지만 그 반복의 지루함을 이겨 낸다면, 여러분의 비즈니스는 한층 더 즐거워질 수 있을 것이다. 행운을 빈다!

이 책을 통해 마술을 배우는 방법

✦

    그동안 시중에서 볼 수 있었던 대부분의 마술 관련 도서는 생활마술, 즉 일상생활 속에서 쉽게 구할 수 있는 소재를 이용한 마술을 다룬 책이다. 삽입되어 있던 그림들이 사진으로 바뀐 정도일 뿐, 70년대에 만들어진 책이나 현대에 만들어진 책이나 사실 내용은 비슷하다.

    하지만 과거와는 달리 현대에는 누구나 쉽게 신기한 마술을 할 수 있도록 만들어진 마술 도구들이 너무나 많다. 그런 마술 도구들을 두고, 굳이 이제는 일상에서 찾아보기도 힘든 성냥개비나 옷핀 마술을 배울 필요가 있을까.

    그래서 우리는 과감하게, 마술 도구를 이용해서 할 수 있는 마술을 소개하기로 했다. 물론 일부지만, 이 책에도 생활마술이 포함되어 있다. 그러나 그 외에는 대부분 비싸지 않은 도구로 쉽고 재미있게 할 수 있는 마술들로 구성되어 있다.

또한 이 책은 그림이나 사진이 아닌 동영상으로 마술을 배울 수 있다. 책 곳곳에 실려 있는 QR 코드를 스마트폰의 카메라로 찍어보면, 준비해 둔 페이지로 연결된다. 누구나 쉽게 배울 수 있도록 소개하는 마술의 연출 영상과 해법 영상을 볼 수 있으며, 마술 도구를 가장 합리적인 비용으로 구입할 수 있는 방법 또한 안내하고 있다.

▲ 연출 영상　　　소개하는 마술의 실제 연출을 볼 수 있는 영상

▲ 해법 영상　　　소개하는 마술의 해법을 볼 수 있는 영상

▲ 마술 도구 구입　　　소개하는 마술 도구를 구매할 수 있는 마술 도구 쇼핑몰

목차

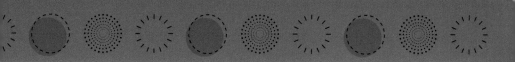

구성본

김영작

신애란

이성희

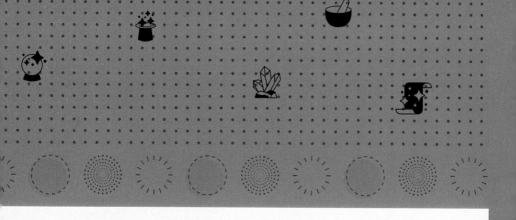

조동희

고삼식

비즈니스매직

나에게 마술이란, 지난 20년간 항상 나의 삶 속에 함께하는 동반자였고, 어려울 때 나를 도와준 든든한 동료였으며, 오늘의 나의 모습을 만들어 준 가장 소중한 존재다.

　마술과의 첫 만남은 대학교를 졸업하고 패밀리 레스토랑에서 근무를 시작하면서였다. 그 당시에 동료였던 바 매니저bar manager(바텐더bar-tender)가 틴[1] 세 개와 방울토마토 세 개로 '컵 & 볼'이라고 하는 마술을 손님들에게 보여 주었다. 그 장면을 직접 본 후 나는 마술의 신기함에 푹 빠지게 되었다. 2002년 멕시칸 레스토랑을 열어 내 사업을 시작하게 되었고, 그동안 조금씩 배워 두었던 간단한 마술들을 손님들에게 보여 주면서 본격적으로 마술을 시작했다.

----

1) 틴tin: 칵테일을 만들 때 사용하는 컵 모양의 기구를 일컫는 말.

레스토랑 시절에 배웠던 마술들은 생일을 맞은 손님들을 즐겁게 하는 데 주로 활용했고, 매직 바magic bar 시절에 배웠던 마술은 칵테일 파티를 하는 동안 공연을 선보이는 데 많이 활용했다. 칵테일 학원 시절에 배웠던 바 매직bar magic을 마술 학원을 운영하는 과정에 많이 활용했다.

그렇게 열심히 배우고 현장에서 잘 활용하던 마술들이 어느새 소문이 났는지, 차츰 지역 문화 축제에 정식으로 초청받아 무대에서 공연도 하게 되었다. 또한 마술 학원과 매직 바를 동시에 운영하면서 마술 대회도 참가하고, 더 많은 경험들을 쌓았다. 그리고 문화센터와 초·중고등학교 방과후학교 프로그램에서 마술 강사로도 출강을 하게 되었다.

내가 하는 일을 잘되게 도와주던 마술사라는 부업이, 어느새 본업으로 바뀌었다. 난 이제는 마술복을 입고 무대에서 관객에게 즐거움과 신기함을 주는 프로 마술사가 되었다.

본업과 부업을 오가며 그동안 레스토랑에서, 바에서, 무대에서, 학원에서, 학교에서, 강의장에서, 회식, 연말 행사 등에서 정말 많은 마술을 했다. 그중에 나의 비즈니스 현장에서 가장 효과적이었던 마술들을 골라 이 책을 통해 소개하고자 한다. 여러분에게도 이 책을 통해 배우게 될 마술들이 여러분의 비즈니스에 여러 방향으로 도움이 되었으면 한다.

결국, 우리의 모든 일상생활이 다 비즈니스 아니겠는가? 직장 생활, 가정생활, 연인 사이의 관계 등 사회생활의 모든 것이 어떤 면에서는 다 비즈니스라고 생각한다. 즐겁고 성공적인 비즈니스 생활을 하는 데 나의 마술과 이 책이 여러분에게 도움을 줄 것이다.

자! 즐거운 마음으로 '비즈니스 마술'의 세계로 출발해 보자.

1.
와우 카드 마술

명함을 건네줄 때, 뭔가 특별한 경험을 같이 줄 수 있다면 어떨까? 상대방에게 마술을 통해 명함을 건넨다면 재미있고 특별한 만남으로 기억되지 않을까?

원래 이 마술은, 카드 마술의 결과를 극적으로 만들어 내는 용도로 사용하는 것이다. 관객이 선택한 한 장의 카드에, 관객이 직접 사인을 하고 그 카드를 다른 카드와 잘 섞어 준다. 그러면 마술사는 그 카드를 찾겠노라고 장담한다. 하지만 마술사가 찾아낸 카드는 관객이 선택한 카드가 아니고 '6 하트'라는 엉뚱한 카드다. 마술사의 실수인가? 마술사는 '6 하트'카드를 투명한 필름 케이스에 넣어서 다시 확인시켜 준다. 다시 봐도, 분명히 '6 하트'카드다. 하지만 놀랍게도 잠시 후, 관객의 눈앞에서 이 '6 하트'카드가 관객이 직접 사인했던 카드로 서서히 바뀐다. 만약 여러분의 눈앞에서 카드가 바뀌는 장면을 직접 보게 된다면, 아마도 그 순간 여러분은 "와우!"하고 외칠 수밖에 없을 것이다. 그래서 이 마술의 이름이 '와우 카드'다.

이 마술을 조금 응용하면, 비즈니스 현장에서 내가 상대에게 마술로 명함을 주는 것이 가능하다. 언제 어디에서나, 내가 만나게 되는 비즈니스 파트너, 혹은 고객이 보는 앞에서 트럼프 카드 한장을 나의 명함으로 바꾸어 건네줄 수 있다. 그 순간 이 마술의 이름처럼 상대방들은 한결같이 "와우!"하고 외치며 깜짝 놀랄 것이다. 그리고 몇 번이나 내 명함을 손에 들고 살펴보고, 만져 보고, 비벼보며 내 명함을 소중하게 간직하게 될 것이다. 마술로 만든 명함이니까 말이다.

모바일 시대여서 명함이 점점 사라져 가는 것처럼 느껴지지만, 나는 아직 종이 명함이 주는 신뢰의 무게감이 있다고 생각한다. 상대방이 내 명함을 소중히 간직하게 하고 싶다면, 이 마술을 배워서 활용해 보라고 적극 추천한다.

배워봅시다

▲ 연출 영상

▲ 해법 영상

▲ 마술 도구 구입

2.
SN 멜트 카드 마술

상대방이 소중하게 간직할 수 있는 특별한 명함을 주는 것은 어떨까? 명함에 마술을 입혀 보자!

이 마술은 '멜트melt 카드'라는 마술이다. '녹다, 녹이다'라는 뜻의 카드의 이름처럼, 어느 한쪽의 그림이나 글씨가 녹아서 다른 한쪽으로 붙어 버리는 방식의 연출을 일반적으로 많이 한다. 결론적으로 'S'와 'N'두 장의 카드 중 S라는 글씨가 N 카드의 뒷면으로 옮겨 가는 마술이다. 그리고 이렇게 옮겨진 글씨는 상대방이 만져 보고 확인하는 것도 가능하다.

이 마술을 응용해서, 내 명함에 마술을 입혀 주는 방식으로 나의 비즈니스 미팅에 활용하면 매우 좋다. 나는 2년 전에 일본의 마술 대회인 도쿄 매직 컨벤션에 참가했는데, 그때 이 마술을 비즈니스용으로 활용하는 마술사를 만나게 되었다. 처음 만나는 일본의 마술사들과 인사를 나누면서 명함을 주고받고 있었는데, 한 마술사가 자신의 명함을 이 마술 카드 지갑에서 빼내서(그때는 카드 무늬가 그려진 카드였음) 나에게 주는 게 아닌가. 사라진 카드의 무늬가 이동해서 뒤쪽에 붙어 있는 명함을 내게 주는데, 명함에 마술이 입혀진 바로 그 순간이 아직도 강렬한 인상으로 기억 속에 남아 나는 그 마술사를 기억하고 있다.

사실 이전에도 이 마술을 알고 있었는데, 한 번도 그렇게 활용해 보겠다는 생각을 해 보지 못했었다. 하지만 그 사건 이후로 나도 이 마술 카드 지갑에 명함을 넣고 다니면서 유용하게 잘 사용하고 있다. 이렇게 지갑 하나로 상대방에게 특별한 명함을 줄 수 있다는 것은 참 멋진 일이다. 물론 이 마술로 명함을 주기 위해서는 명함을 별도로 제작해야 한다. 하지만 상대방이 내 명함을 버리지 않고 소중하게 간직하게 할 수 있다면, 이런 수고쯤이야 충분히 할 만하다고 생각한다.

덧붙여서, 이 마술은 여러 버전이 있는데, '하프 달러'라고 하는 미국 동전 마술 도구가 추가로 포함되어 있다. 미국 동전이 우리나라의 500원짜리 동전으로 바뀌는 신기한 동전 마술을 앙코르로 보여 줄 수 있다. 마술로 명함을 받은 상대방이, 한 번만 더 마술을 보여 달라고 조를 때, 못 이기는 척 이 마술을 보여 준다면, 그날의 미팅은 단언컨대 여러분이 주인공이다.

하나의 도구로 두 가지 마술을 할 수 있는 SN 멜트 카드(동전 포함) 마술이 궁금하지 않은가?

이 특별한 명함 마술이 궁금하다면 다음 영상으로 만나 보자.

배워봅시다

▲ 연출 영상

▲ 해법 영상

▲ 마술 도구 구입

3.
컬러체인지 차이나 코인 & 펜 마술

　내가 매직 바를 운영할 때, 손님들에게 마술을 자주 보여 주었다. 그때마다 자연스럽게 팁을 받아 낼 수 있었던 기특한 효자 마술이 있어서 여러분에게 소개한다.

　고객들에게 여러 가지 마술을 보여 주면서 어느 정도 좋은 관계가 형성되고 고객의 만족도가 충분히 올라왔다고 생각이 될 때 이 마술을 해야 성공 확률이 높다. 먼저, 고객에게 마술에 사용할 만 원권 지폐 한 장을 빌려 달라고 요청한다. 대부분의 고객들은 부담 없이, 정확히 말하자면 별다른 의심 없이 지갑에서 만 원권 지폐를 꺼내 건네준다. 그러면 나는 고객에게 받은 만 원권 지폐를 볼펜으로 뚫어 버린다. 대부분의 고객들은 황당하다는 표정을 짓는다.

그리고 마술사인 나는 이렇게 말을 한다.

"제가 실수를 해서 지폐에 구멍을 내 버렸네요. 지폐를 원래대로 돌리는 마술을 보여 드릴건데, 만약 또 실패해서 지폐에 구멍이 없어지지 않으면 제가 그 두 배인 2만 원을 배상하겠습니다. 하지만 만약 깔끔하게 원래대로 돌려놓으면 이 지폐를 제가 갖는 걸로 하는 내기를 해 보면 어떨까요?"

이전에 보여 준 마술들로 이미 충분히 즐거운 고객들은 기분 좋게 내기에 응하고, 나는 지폐에 구멍이 난 자국이 없는 깨끗한 지폐를 고객들이 직접 확인할 수 있도록 돌려준다. 그러면 대부분의 고객들은 기분 좋게, 마술에 사용된 만 원권 지폐를 나에게 팁으로 주곤 했다.

고객에게 팁까지 받았으니 나 역시 보답을 해야 인지상정 아니겠는가. 감사의 뜻으로 앙코르 마술을 보여 주겠다고 하고는 주머니에서 파란색 중국 동전을 꺼내어 손바닥에 올려놓는다. 그러고는 조금 전 사용한 볼펜으로 살짝 치면 어느새 파란색 동전이 빨간색 동전으로 바뀌어 버린다. 이어지는 고객님들의 환호와 박수, 그리고 내 주머니 속에 있는 팁에 즐거운 나. 이 얼마나 아름다운 장면인가!

사람들과의 커피 타임에서, 혹은 식사 자리나 술자리에서 잠깐의 짬을 내서 보여 주기에 매우 좋은 마술이다. 음식이 나오기 전에, 또는 한참 즐거운 분위기가 무르익었을 때 이 마술을 보여 준다면 그 자리가 더욱더 즐겁고 좋은 자리가 되리라 확신한다.

배워봅시다

▲ 연출 영상

▲ 해법 영상

▲ 마술 도구 구입

4.
구부러지는 숟가락과
휘어지는 종이 마술

이 책을 읽고 있는 여러분들은 초능력을 믿는지 묻고 싶다. 혹시 유리 겔라Uri Geller는?

아마도 40~50대 이상 독자들은 유리 겔라를 기억할 것이다. 그가 TV에서 보여 준 놀라운 초능력이, 사실은 마술이었다는 사실이 판명되기 전까지 유리 겔라는 초능력자로 세계를 떠들썩하게 만든

이스라엘 출신의 마술사다.

1984년에 우리나라에도 방문해서 〈세기의 경이 초능력 유리 겔라 쇼〉를 생방송으로 진행했다. 숟가락을 구부리고 시계를 고장 내는 마술을 선보여 전국적으로 초능력 신드롬을 일으켰다. 그 당시 중학교 1학년이던 나도 숟가락을 들고 TV 앞에서 열심히 유리 겔라를 따라 했던 기억이 난다. 마술사가 된 나는 종종 사람들에게 숟가락이 구부러지는 마술을 보여 주곤 한다. 사실 숟가락을 구부리는 마술은 여러 가지 방법이 있지만, 여기서는 여러분이 쉽게 할 수 있는 방법을 소개하도록 하겠다.

물론 실제로 사람들의 눈앞에서 숟가락을 구부리거나 끊어 버리는 초능력이 있으면 좋겠지만, 다음에 소개하는 영상에서는 간단한 트릭으로 이런 현상을 보여 줄 수 있는 방법을 안내할 것이다. 충분히 연습을 한다면, 유리 겔라 못지않은 초능력을 보여 줄 수 있다. 그리고 하나 더, 황금색 숟가락이 그려진 종이를 책상 위나 여러분의 손바닥 위에서 휘어지게 하는 장면도 보여 줄 수 있다. 어쩌면 여러분이 마술이라고 밝히지 않는 이상 사람들이 여러분을 초능력자로 봐 줄지도 모른다. 이제 마술을 배워 보자.

배워봅시다

▲ 연출 영상

▲ 해법 영상

▲ 도구 구입-1

▲도구 구입-2

5.
종이가 지폐가 되는 마술

그동안 마술을 해 오면서, 사람들이 가장 많이 할 수 있느냐고 물어보거나, 보여 달라고 요청하는 마술이 하나 있다. 바로 '돈을 만드는 마술'이다.

사실 나도 신문지를 잘라 오만 원권 지폐로 만들 수 있는 능력이 실제로 있으면 좋겠다. 하지만 마술에서는 진짜로 종이가 지폐로 바뀌는 것이 아니고, 지폐로 바뀐 것처럼 보여 주는 것이다.

아무튼, 이렇게 대부분의 사람들은 돈으로 하는 마술을 좋아한다. 좀 더 정확히 말하자면, 돈이 사라지는 마술보다 돈이 만들어지는 마술을 더 좋아한다. 각박한 삶을 살아가는 데 있어서 돈은 많을수록 좋은 것 아닌가. 그래서 그렇게 돈을 만들어 내는 마술을 보고, 또 배워 보고 싶은 것 아닐까.

한번은 나이가 많으신 원로 마술사님이 TV에서 나와서는 이런 이야기를 했다. 장모님이 자기 딸을 직접 소개시켜 줬는데, 자신의 돈을 만들어 내는 마술을 보시고 딸을 굶기지는 않겠다 하시며 결혼까지 승낙하셨다는 것이다. 사실 제대로 속으신 것이지만, 그만큼 돈이 주는 의미가 크다는 것 아닐까.

아무튼 돈을 가지고 하는 마술은 언제나 어디서나 환영받고 성공적이다.

아무것도 없는 손안에서 백지 또는 종이 영수증을 접었다가 펼쳤을 뿐인데 진짜 지폐—천 원이든 만 원이든 오만 원이든—로 바뀌는 마술이 있다면 꼭 배워야 하지 않을까?

이번 마술은 특별히 제작된 마술 도구가 필요치 않다. 일상 생활 속에서 쉽게 구할 수 있는 소재를 이용해서 보여 줄 수 있는 생활마술이다. 지금 여러분 주위에 가위와 풀, 그리고 신문지나 잡지가 있다면, 지금 당장 즉석에서 만들어 사용할 수 있다.

나는 종종 조카들에게 용돈을 줄 때도 이 마술을 많이 사용하고, 이런저런 스토리를 넣어서 학교 강의에서도 사용하곤 한다. 잡지가 지폐로 바뀔 수 수 있다면, 이걸 응용해서 다양하게 활용할 수도 있다. 천 원권 지폐가 어떤 상품의 홍보지로 바뀔 수도 있고, 저녁 식사 영수증이 영화관 티켓으로 바뀔수도 있는 것이다. 이 마술이 궁금하다면, 아래 QR 코드를 통해서 만나 보자.

배워봅시다

▲ 연출 영상

▲ 해법 영상

6.
링 & 로프 마술

　　동문 송년회 모임에 참석한 적이 있다. 식사가 끝날 무렵 행사 준비를 맡았던 사무국장이 갑자기 찾아와, 2부 행사 때 40분쯤 사회를 봐 달라고 부탁을 했다. 내가 마술사인 것을 알고 있었던지라, 마술 공연도 괜찮단다. 뭘 해도 좋으니 그저 40분만 때워 달라고 통사정을 하는 거다.

　　술을 곁들인 저녁 모임이라 차를 두고 온 데다가, 당장 주머니에

변변한 마술 도구도 하나 없었다. 동전이나 카드를 가지고 뭔가 마술을 보여 주기에는 장소도 너무 넓고, 여러 사람들에게 동시에 보여 주기도 힘드니 참 당황스러웠다. 그래도 명색이 마술사인데, 못 한다고 할 수는 없는 노릇 아닌가. 그런데 그 순간, 이 마술이 떠올랐다.

송년회라는 것이 원래 친목 모임이고, 다들 가족 동반으로 왔으니 쌓여 있는 선물을 걸고 재미있는 마술 퀴즈를 내면 되겠다 싶었다. 급하게 호텔 인근에 있는 철물점에서 로프를 사다가 1미터 정도의 적당한 길이로 잘라서 준비를 했다. 이 마술은 로프와 링이 필요한데, 링은 구할 수가 없으니 '이가 없으면 잇몸'이라는 생각으로 로프를 짧게 잘라 묶어서 고리 모양의 '로프 링'을 만들었다. 그러고는 각 테이블에 로프와 로프 링을 나누어 주었다. 이제 모든 준비가 끝났다.

먼저 로프를 이용한 마술을 간단히 보여 주고, 관객들에게 마술 퀴즈를 내었다.

긴 줄에 '로프 링'을 넣고, 양손을 긴 줄 끝으로 수갑처럼 묶어 준다. 그 후 묶인 양손을 풀지 않고 긴 줄에 들어 있는 '로프 링'을 빼내야 하는 마술 퀴즈였다. 5분 안에 로프 링을 빼내면 선물을 주겠다고 했더니, 각 테이블에서 그야말로 난리가 났다. 서로 해 보겠다고 로프를 가져가 이런저런 노력을 해 보지만 그렇게 쉬운 퀴즈는 아니다. 아무튼, 어찌어찌 성공한 몇 테이블에 선물을 주고는, 더 큰 선물을 걸고 여러 커플을 불러 두 번째 퀴즈 게임을 진행했다. 양쪽 손을 묶고 두 사람의 줄을 교차해, 서로 교차된 두 사람의 줄을 풀어 보라고 하는 퀴즈다. 커플들이 연결된 줄을 풀기 위해 줄을 넘고 손을 꼬고 하는 모습을 보면서 모두들 얼마나 재미있어하는지, 애초에 부탁한 40분이 훌쩍 가 버렸다.

이 링 앤 로프 마술은, 적당한 로프만 있으면 언제 어디서나 보여 줄 수 있다.

송년회나 단합 대회 같은 행사에서 사회를 보면서 보여 주면 금상첨화다. 이 마술을 배우는 순간, 대중 앞에서 여러분은 인기 폭발 주인공이 될 것이라 약속한다.

배워봅시다

▲ 연출 영상

▲ 해법 영상

▲ 마술 도구 구입

7.
코미디넥타이 마술

비즈니스맨에게 넥타이는 어떤 의미일까?

과거 넥타이는 귀족들 사이에서 유행했으며 가문, 교육 수준, 사회적 지위 등 착용자의 신분을 보여 주는 수단이었다. 현대에 와서 넥타이는 정장, 공식 석상, 업무 등 예의와 격식을 갖춘다는 느낌의 상징성을 갖고 있고, 지금까지도 그것은 유효하다고 하겠다. 그래서 넥타이는 매는 것은 상대방을 존중하고 격식을 차리는 것으로,

신뢰감을 더 줄 수 있다.

아무튼 넥타이가 주는 이미지는 '예의, 공식, 업무'와 같은 것이 아닐까 싶다. 일단 넥타이를 매는 순간, 딱딱한 내가 되어 버리게 된다. 그런데, 이 넥타이를 이용해 보여 주는 잠깐의 마술이 순식간에 대중의 관심을 나에게 집중시킬 수 있다면 어떨까? 넥타이가 살아 있는 것처럼 움직인다면? 딱딱한 분위기를 부드럽고 재미있게 만들 수 있는 신기하고 코믹한 마술을 소개한다.

처음엔 넥타이가 조금씩 저절로 움직이기 시작하면서 몇몇 사람들이 웅성대기 시작할 것이다. 내가 인사를 하는 동안이나 이야기를 하는 동안에 목에 맨 넥타이가 90도로 세워졌다가 내려가고 세워졌다가 내려가면서 움직인다면, 이걸 보는 대다수의 사람들은 이 상황에 웃음을 터뜨리게 될 것이다.

나는 평소 넥타이를 자주 매는 편은 아니지만, 꼭 넥타이를 매고 가야 할 상황이면 항상 이 코미디 넥타이를 매고 간다. 물론 이 마술을 사용하지 않을 때도 있지만, 상대방과 대화 중에 웃음이나 분위기 전환이 필요하다고 판단되면 즉시 이 마술을 사용한다. 그리고 대부분의 상황에서 성공한다.

현대 정장의 필수품인 넥타이! 어쩌면 보수적인 격식의 상징인 넥타이가 앞으로 여러분에게는 유쾌하고 즐거운 아이템으로 사랑받게 될 것이다. 이제 즐거운 변화를 시작할 시간이다.

배워봅시다

▲ 연출 영상

▲ 해법 영상

▲ 마술 도구 구입

구성본

나는 젊은 시절 다니던 회사에서 퇴사 후 사업을 구상하던 중, 우연히 마술을 접하게 되었다. 배우면 배울수록 마술의 매력에 빠져들어 밤을 새워 가며 마술 연습을 한 적도 수없이 많다.

마술을 배우는 동안, 생계 수단으로 치킨집을 열어 운영하다가 치킨집 마케팅에 마술을 활용해 본 적이 있다. 어린이집이나 유치원에서는 매달 초 그달에 생일을 맞이한 아이들에게 생일 파티를 해 준다. 주변의 어린이집, 유치원의 원장님들에게 아이들 생일 파티 행사에 치킨을 대량 주문 해 주면 무료로 마술 공연을 해 주겠다고 제안을 했더니, 여기저기서 주문이 몰려들어 소위 '대박'이란 것을 경험해 본 적도 있다.

나는 30대 초반에 마술을 본격적으로 하겠다고 결심했고, 생계 수단이던 치킨집을 접고는 마술로 사업자 등록을 한 뒤 마술 강사 활동부터 시작했다. 지금도 가끔 그때를 떠올리며 나 자신에게 묻곤 한다. 그때 내 선택은 잘한 거였을까? 그때로 다시 돌아간다 해도, 아마 나는 같은 선택을 할 것 같다.

사실 그 당시에는 각 학교마다 학생들에게 인기 강사로 소문이 나서, 가끔 교장 선생님이 내 마술 수업을 직접 참관을 하기도 할 만큼 인기가 많았다. 그러던 어느 날 지인으로부터 보험 설계사로 일해 보지 않겠냐는 제안을 받았다. 마술과 보험이 왠지 궁합이 잘 맞을 것 같다는 생각이 들었고, '마술하는 보험 설계사'로 활동한 지가 벌써 20여 년 가까이 된다. 그동안 두 가지 일을 하며 참 바쁘게, 열정적으로 하루하루를 살아가고 있다.

크지 않은 지역사회에서 먼저 마술사로 일을 해 와서 그런지, 보험 계약자들의 절반 이상은 내가 마술 일을 겸업하고 있다는 것을 알면서도 계약서에 서명해 주신 고마운 고객들이다. 예전부터 가망고객可望顧客들에게 '신뢰'라는 것을 심어 주는 마법을 걸어 둔 결과일까? 마술을 보험 영업 일에 활용해 보니, 사람들과 금방 친해지는 데다 웃으면서 대화가 시작돼 영업에 도움이 많이 되어 참 좋았다. 일부러 고객들이 술자리나 식사 자리에 부르는 경우도 많았다. 그래서 늘 즐겁게 보험 영업을 해 왔다.

혹시 이 책을 읽는 여러분 중에, 마술을 배워서 실생활, 특히 영업에 활용하고 싶어 하는 분이 있다면 훌륭한 선택이라고 말해 주고 싶다. 더러는 마술을 "사기다." 혹은 "속이는 거다."라고 말하기도 하지만, 내 생각은 다르다. 나는 "마술이란 사람을 사귀는 기술이다."라고 말해 주고 싶다.

여러분들이 앞으로 마술을 접하고 연습하게 되면, 때론 영업 현장에서 마술을 활용하다가 실수를 하기도 하고, 본의 아니게 마술의 비밀을 들켜서 멋쩍고 당혹스러울 때도 있을 것이다. 하지만 그 과정마저도 영업의 한 부분이다. 그런 인간적인 모습이 고객들에게 더 친근하게 느껴질 수도 있다는 것이다.

마술사로서, 그리고 보험 영업을 하는 사람으로서의 삶을 돌아보며 자신한다. 고객들과 소통하고 아이스 브레이킹으로 활용하기에 마술만큼 좋은 것이 없다고 생각한다. 자, 이제 여러분의 차례다.

1.
주사위 알아맞히기 마술

이 마술은 주머니에 혹은 작은 핸드백에 가지고 다니며 할 수 있어 휴대가 용이하다. 마술을 하기 전에 미리 준비하는 과정도 필요 없는, 아주 간단한 원리로 사람들의 마음을 사로잡는 마술이다.

내가 텔레파시로, 혹은 상대의 손목의 맥을 짚어서 상대가 생각하고 있는 것을 알아맞힐 수 있다면 믿겠는가? 마술사니까 텔레파시는 그렇다 치더라도, 한의사도 아닌데 손목의 맥을 짚어서 마술을 한다면?

마술사가 잉크병처럼 생긴 작은 통의 뚜껑을 열어 그 안에 있는 주사위를 상대에게 건네준다. 그러고선 상대에게 마음에 드는 주사위 숫자를 골라 통 안에 집어넣고 뚜껑을 닫아 달라고 하고는 뒤돌아선다. 만약, 상대방이 5라는 숫자를 선택해서 주사위를 통 안에 넣고 뚜껑을 닫아 테이블 위에 올려놓으면, 마술사는 상대방 손목의 맥을 짚으며 눈을 감는다. 4~5초 후 마술사가 눈을 뜨고는 "음, 맥이 다섯 번 정도 뛸 때 저에게 이상한 신호가 오더군요. 당신이 선택한 숫자는 5입니다!"라고 하면, 마술사의 말이 끝나자마자 상대방은 눈이 휘둥그레지고 동시에 입에 한가득 미소를 보이며, 도대체 어떻게 알았냐며 박수를 치게 된다.

이 마술과 연출 방법은 내가 마술로 보험 영업을 하며 가장 많이 써먹는 방법으로, 가망고객과 살짝 스킨십을 하며 조금 더 가까워질 수 있도록 도와주는 이른바 '친근감'마술이다. 지난 20년 가까이 해 오면서 단 한 번도 실패한 적이 없는 아주 훌륭한 마술이다.

일반적으로 이 마술은 마술사가 상대방에게 텔레파시를 보내 달라고 하고는 정답을 말하는 방법으로 연출을 하는데, 나는 이왕에 고객을 상대로 하는 마술이니, 빨리 끝내지 않고 고객들과 조금 더 많이 대화도 나누고 친해지기 위해 이런 연출 방법으로 하고 있다. 자연스러운 스킨십을 통해 관객과 친밀감을 높이고, 상대가 마음속으로 생각하는 숫자를 맞히는 과정이 재미있어 고객들의 반응이 매우 좋은 마술이다.

이 책을 보는 여러분들도 다양한 영업 현장에서 고객과의 상담 전에 아이스 브레이킹 용도로 충분히 활용 가능하다. 또한 가족들에게도 재미있게 보여 줄 수 있는 마술이어서 제일 먼저 이 마술을 소개하고 싶었다. 꼭 마스터해서 활용해 보기 바란다.

배워봅시다

▲ 연출 영상

▲ 해법 영상

▲ 마술 도구 구입

2.
신기한 상자 마술

요즘은 전자 명함을 많이 사용한다. 하지만 영업 현장에서는 여전히 종이 명함을 달라는 분들이 많다. 특히 스마트폰 사용이 어려운 나이 드신 분들은 꼭 명함을 달라고 하신다. 그래서 나는 아직도 명함이 나를 알리는 중요한 도구라고 생각한다. 이번에는 사람들에게 버려지지 않고 잘 간직될 명함을 마술을 이용해 줄 수 있는 방법을 소개한다.

'신기한 상자'라고 하는 이 마술은, 보통은 상대방에게 지폐를 잠깐 빌려 사라지는 마술을 보여 주거나, 아무것도 없는 상자에서 지폐나 초콜릿 같은 작은 물건이 나타나게 하는 방식으로 연출을 한다. 문득 영업 현장에서 이 마술로 명함을 주면 어떨까 하는 생각이 들어 실험 삼아 명함을 넣고 다니며 사용해 보았다. 고객들이 재미있어하는 걸 알고 나서, 그 뒤로 종종 명함을 만들어 주는 마술로 활용하고 있다.

대부분 명함은 지갑이나 명함 케이스에서 꺼내서 주는데, 내 경험상 특히 영업을 하는 사람들의 명함은 쉽게 버려지기 일쑤다. 하지만 이렇게 신기하게 명함을 건네주면 아무래도 그냥 주는 명함보다는 고객들의 기억에도 남고 버려질 확률이 적다고 생각한다. 혹시 여러분들이 그동안 고객들에게 주었던 명함이 고객의 명함 집에 잘 보관되어 있을 것인지 한번 생각해 보기 바란다.

나를 기억해 달라고 주는 명함인데, 기왕이면 조금 수고스럽더라도 이렇게 특별한 방법으로 주면 좋지 않겠는가 말이다. 종종 이 마술의 비밀을 알려 달라고 하는 고객들이 있다.

그런 경우, 보통 나는 "영업 비밀이라서 가르쳐 드리기는 어렵지만, 지인 한 분 소개해 주시면 다시 보여 드리겠습니다."라고 말하며 유쾌하게 넘긴다.

이 마술은 누구나 간단히 할 수 있기 때문에, 단 1~2분만 연습하면 여러분들도 충분히 마술로 명함을 줄 수 있다. 반드시 명함이 아니더라도, 작은 판촉 용품이나 캔디 같은 작은 물건들을 마술로 만들어 내는 것이 가능하니 꼭 배워 보기 바란다.

배워봅시다

▲ 연출 영상

▲ 해법 영상

▲ 마술 도구 구입

3.
컬러비전 마술

　이번에 소개할 것은 '컬러비전'이라는 마술로, 상대방이 선택한 주사위의 색을 맞히는 마술이다.

　하지만 나는 이 마술을 보험 영업 현장에서 사용하는 것을 좋아한다. 조금 응용이 필요한데, 주사위의 여섯 개 면에 내가 파는 보험 담보명을 적어서 고객에게 주고, 고객이 생각할 때 가장 필요하다고 생각하는 담보 종류를 골라 달라고 해서 그걸 마술로 맞힌다.

그리고 고객에게 그 담보를 강하게 어필해 보험 상품을 판매하고 있다.

나는 여섯 개의 면에, 보험을 가입할 때 잘 살펴보아야 하는 담보, 즉 '사망', '진단비', '수술비', '실비', '후유장애', '간병인' 이렇게 여섯 가지의 담보명을 적어서 마술을 보여 준다. 그러면서 고객이 제일 중요하다고 생각하는 담보를 중심으로 보험 상품에 대해 설명하며 강조하는 등으로 활용했는데, 아이스 브레이킹 효과도 충분히 있고 자연스럽게 대화를 이어 갈 수 있어서 지금도 매우 유용하게 사용하고 있다.

고객의 입장에서는 이 마술을 보면서 자신이 가입한 보험을 떠올리며, 부족하다거나 관심 있는 보험 담보를 나에게 자연스럽게 알려 주게 된다. 마술이 끝날 무렵엔 내가 고객의 공략 포인트를 파악하고, 어떤 담보를 어떻게 강조해서 보험 가입을 권유할지를 떠올려 준비하게 되는 훌륭한 마술이다.

만약 당신이 자동차를 판매하는 영업사원이라면, 여러분이 주력으로 판매하는 자동차의 이름을 주사위의 여섯 개 면에 적을 수 있을 것이다. 고객에게 가장 관심 있는 자동차를 골라 보라고 한 뒤 마술을 보여 주면, 자연스럽게 고객의 니즈를 파악할 수 있으니 유용하게 활용할 수 있지 않을까 생각한다.

　꼭 상품이 아니더라도, 고객의 입장에서 제품이나 서비스를 선택할 때 고려할 다양한 포인트를 적어서 활용하는 것도 좋은 방법이라 생각한다. 가격, 서비스, 품질, 내구성, 디자인, 활용 방법 등등 얼마든지 응용해서 사용할 수 있다.

배워봅시다

▲ 연출 영상

▲ 해법 영상

▲ 마술 도구 구입

4.
드롭링 마술

이 마술은 초등학교 방과 후 마술 수업에서도 다룰 만큼 쉽고 간단한 마술인데, 오히려 어른들이 더 신기해할 정도로 재미있는 마술이다. 보통 학교 수업에서는 단순히 떨어지는 링이 줄에 묶이는 마술만 알려 주는 정도지만, 사실 연출법은 매우 다양하다.

나의 경우엔 이 드롭링을 목에 목걸이처럼 걸고 다니며 영업 현장에서 매번 사람들에게 보여 줄 정도로 많이 활용했던 마술이다.

마술사가 상대방에게 목에 걸려 있는 링 목걸이를 보여 준다. 이 목걸이는 단순한 목걸이가 아니다. 상대방의 팔목에 줄을 걸어 놓고는, 링에 마술 주문을 걸고 떨어뜨리면 링이 바닥에 떨어지지 않고 어느새 목걸이 줄에 묶여 있는 마술이 이루어진다.

그리고 상대방의 양쪽 엄지손에 줄을 걸고, 그 줄에 걸려 있는 링을 순간적으로 빠지게 하는 신기한 마술도 할 수 있다. 단순하지만 절대 안 될 것 같은 현상이 눈앞에서 이루어지기 때문에, 종종 이 마술을 본 사람들이 마술사의 손이 엄청나게 빠르다고 착각을 하게 만들기도 한다. 하지만, 이 마술은 손이 느린 사람도 조금만 연습하면 누구나 할 수 있다.

한번은 고객이 운영하는 가게에 방문 영업을 했는데, 마침 그 시간에 초등학생 자녀를 만나게 되었고, 그 아이가 내 목에 걸려 있는 드롭링을 보더니 마술 도구라는 것을 알아보았다. 한번 보여 달라고 하기에 건네주었더니 의외로 이 마술을 잘하는 것이 아닌가.

그래서 이 마술 도구로 또 다른 연출을 할 줄 아냐고 물어보니, 한 가지 방법만 배웠다고 했다. 나는 아이에게 응용해서 할 수 있는 마술을 두어 가지 보여 주며 함께 즐거운 시간을 보냈다. 고객은 한참 바쁜 시간에 칭얼대는 아이와 즐겁게 시간을 보내는 나를 보곤 기분이 좋으셨는지, 상담도 잘되었고 큰 어려움 없이 보험 계약을 체결했다.

드롭링 마술은 크기와 종류에 따라 여러 가지가 있다. 동영상을 통해 여러 방법을 알려 드리겠다. 단 한 가지라도 잘 연습해서 활용한다면, 예상치 못한 상황에서 용이하게 사용할 날이 한 번쯤은 꼭 오게 될 것이라고 장담한다. 충분한 연습을 해야만 잘 활용할 수 있다. 인내심을 가지고 반복해서 연습해 보자.

배워봅시다

▲ 연출 영상

▲ 해법 영상

▲ 마술 도구 구입

5.
씽킹 넘버 테스트 마술

이 마술은 처음 만나는 상대방의 나이, 생일, 가족의 생일, 기념일을 알아맞히는 마술이다. 심지어 아무도 알지 못하는 혼자만의 비밀, 예를 들어 첫사랑을 했을 당시의 나이까지 알아맞힐 수 있다.

처음 이 마술을 접할 때의 느낌은 정말 환상적이다. 이와 비슷한 종류의 다른 마술들은 머릿속으로 계산을 해야 하는 등 초보자들에겐 다소 어려운 점이 있을 수도 있지만, 이 마술은 그런 복잡한 과정 없이 단순하면서도 임팩트는 크다고 할 수 있다. 마술을 진행하는 과정에서 바로 정답을 눈으로 볼 수 있어 매우 간편하다는 것이 이 마술의 장점이다.

마술사는 지갑에서 여덟 장의 검정색 숫자 카드를 꺼내서 관객에게 1부터 99까지의 숫자 중에 마음에 드는 숫자를 머릿속으로 생각하게 한다. 이때 질문을 조금 구체적으로 하면 좋다. 본인의 나이, 혹은 가족 중 누군가의 나이, 생일 등등 구체적인 숫자를 생각하게 하면 마술의 효과가 극대화된다.

그리고는 마술사가 일곱 장의 숫자 카드를 한 장씩 보여 주며, 상대방이 생각한 숫자가 그 카드에 있는지 없는지를 차례로 물어본다. 그러면 마술을 보는 상대방은 그저 "YES"또는 "NO"로만 대답하면 된다. 마술사가 보여 주는 마지막 카드에는 "당신이 생각한 숫자가 곧 나타납니다!"라고 쓰여 있는데, 이후 카드를 통해 상대방이 생각한 숫자가 바로 눈앞에 보여 지게 된다. 여러분은 그저 여덟 장의 카드를 차례대로 뒤집으면서 상대방에게 생각한 숫자가 있는지 없는지만 물어보면 된다.

얼마전 이 마술로 고객의 4인 가족 총 보험료를 맞히는 게임 같은 마술을 보여 줬더니, 고객이 깜짝 놀라면서 혹시 보험 회사에서 보험 모집인 영업용으로 사용하는 도구 아니냐고도 물어본 적이 있다. 지난 일이지만 참 웃긴 일이다. 고객들은 마술인지 영업용 수단인지 잘 모른다. 마술이 대중화되면서, 이런 마술들을 영업에 활용하는 영업인들이 요즘은 많다.

만약 여러분이 자동차 판매 영업사원이라면 고객이 희망하는 차량의 가격을 숫자 뒤에 '0' 두 개를 더 붙여서 만 원 단위로 맞혀 보겠다고 하면 어떨까 싶기도 하고, 고객이 현재 타고 있는 차량의 연식을 맞힌다거나 한다면 어떨까 제안해 본다. 당연히 여러분은 더 좋은 아이디어로 현장에서 활용할 것이라 생각한다.

배워봅시다

▲ 연출 영상

▲ 해법 영상

▲ 마술 도구 구입

6.
애니멀 프리딕션 카드 마술

이 마술을 처음 보는 사람들은 다들 깜짝 놀라는데, 특히 어린 아이들은 울음을 터뜨리기도 한다. 그동안 이 마술로 아이들 수백여 명은 족히 울린 것 같다.

이 마술용품은 부피도 작고 보관하기도 유용하다. 때문에 한 번의 준비 과정으로 여러 명이 함께 있는 자리에서 마술을 보여 줘도 동시에 한꺼번에 놀라게 할 수 있는 아주 섬뜩(?)하고 신비한 마술이다.

이 마술은 여섯 장의 그림(전갈, 박쥐, 벌, 개구리, 방울뱀, 거미)이 그려진 카드를 순서대로 펼쳐 놓고, 각각의 동물과 곤충이 독을 품고 있어서 사람들에게 치명적인 위협을 준다고 잔뜩 겁을 준다. 그러고 나서 관객이 무작위로 한 장의 카드를 선택하게 되는데, 마술사는 이미 상대방이 그 카드를 선택할 것을 알고 있다. 그러곤 상대방에게 "선택한 카드의 곤충을 선물로 드리겠습니다."라고 하면서 작은 봉투를 건네는데, 이 봉투를 열어 보는 순간 대부분의 사람들은 깜짝 놀라 자신도 모르게 "아이! 깜짝이야!", 심지어는 욕설까지 하며 놀라게 된다. 참 짓궂은 장난 같은 마술이다.

나는 양복 주머니에 이 마술용품을 가지고 다니면서 고객들에게 종종 보여 주곤 한다. 몇 해 전 고객의 가게에 방문했을 때의 일이다. 마침 직원들끼리 점심 식사 후 테이블에 둘러앉아서 커피를 마시던 참이었다. 내가 최근에 새로 나온 마술을 하나 보여 준다고 하니 다들 호기심이 생겼는지 여직원 두 명, 한 여직원의 딸까지 테이블에 앉았다. 마술이 진행되고, 이 마술의 희생양이 된 직원분과 딸이 깜짝 놀라는 표정이 얼마나 재미있던지 함께한 사람들과 한참을 웃었던 기억이 난다.

이 마술은 상대방과 한바탕 웃음을 만들어 낼 수 있는 유쾌하고 다소 짓궂은 마술이다. 다양한 영업 현장에서 즐거운 대화 분위기를 만들어 내기 위해 활용해 보라고 적극 추천해 본다.

배워봅시다

▲ 연출 영상

▲ 해법 영상

▲ 마술 도구 구입

김영작

비즈니스매직

나는 ○○자동차 회사에서 28년째 재직 중인 직장인이며, 마술사다. 여가 시간을 이용해 마술 공연과 교육을 하면서 봉사 활동도 활발하게 하고 있다.

지금은 직장 생활 못지않게 마술사로서도 열정적으로 열심히 활동하고 있다. 18년 전 취미 삼아 마술을 시작했던 내가 이렇게 많은 사람들 앞에서 공연을 하며, 관객들에게 즐거움을 줄 수 있는 사람이 되리라는 것을 그땐 꿈에서조차 생각해 보지 않았다.

나는 그저 여느 아빠들처럼 아이들과 함께 동네 놀이터에서 뛰어 놀거나 가끔씩 함께 여행을 가는 정도가 다였던 정말 평범한 가장일 뿐이었다.

아이들이 학교에서 학예회를 한다는 소식을 들었을 때, 문득 내가 영화

속 해리 포터처럼 아이들 앞에서 재미있는 마술을 보여 주는 멋진 아빠가 된다면, 내 아이들이 친구들에게 아빠 자랑도 하고 좋지 않을까 하는 생각이 들었다. 마침 회사에 마술 동아리가 있던 터라, 용기를 내서 거기에 가입을 하면서부터가 내 마술 인생의 시작이었다.

마술과 함께한 지난 시간을 돌아본다. 분명 내성적인 성격을 가지고 있던 내가 아이들 학예회를 시작으로, 어느새 주변 지인들의 크고 작은 모임에 초대받아 마술 공연을 하며 박수갈채를 받는 마술사로 변신해 있다. 정말 내 인생에 마술 같은 일이 일어난 것이다.

지금은 드래곤 트리플 매직이란 이름의 코믹 삼총사 팀의 멤버로 활동하고 있는데, 내가 살고 있는 지역에서는 우리를 아는 사람들도 제법 많아졌다. 덕분에 크고 작은 다양한 행사에 초청도 많이 받고 있다.

많은 직장인들이 대부분 비슷한 삶을 산다. 출근하고 퇴근하고 여가를 보내고. 어쩌면 매일 반복되는 일상에 변화를 주고 싶다는 생각을 할 수도 있다. 다양한 취미 생활을 할 수 있겠지만, 나는 기왕이면 마술을 배워 보라고 권해 주고 싶다. 아주 간단하고 작은 마술 하나만으로도 여러분의 삶이 즐겁고 행복해질 수 있다. 어쩌면 18년 전 내가 그랬던 것처럼, 이 책을 읽고 있는 여러분 중 누군가의 삶에 마술 같은 일이 펼쳐질지도 모르는 것 아닌가.

1.
로프 마술

로프! 우리말로는 '끈'혹은 '줄'이라고 부른다. 이걸 가지고 무슨 마술을 보여 준다는 걸까?

나도 처음에 그렇게 생각했었다. 길거리에서 마술사의 버스킹 공연을 보면서 로프를 가지고 하는 이 마술을 처음 접했는데, 아직도 기억이 생생하다. 분명히 줄을 가위로 잘랐는데 다시 이어져 버리고, 줄을 목에 감고 묶었는데 그 줄이 목을 통과하기도 하는 마술. 그걸 보면서 도대체 어떻게 하는 건지 궁금하고 신기하고 호기심이 가득 생겼다. 로프 마술은, 원리를 이해하고 실제로 연습을 해 보면 변화무쌍한 매력이 있다. 그래서 지금은 나도 공연을 할 때, 로프 마술을 즐겨 사용한다.

여러분의 주변에도 로프가 많이 있는지 물어보고 싶다. 꼭 마술사가 공연에서 쓸 것 같은 하얗고 두꺼운 로프가 아니더라도, 줄이라는 것은 항상 내 주위에 있다. 운동화 끈도 마술용 줄로 사용 할 수 있고, 무언가를 묶어 놓았던 줄도 얼마든지 사용할 수 있다.

줄을 묶어 매듭을 짓는 방법을 알고 있다면, 여러분은 이미 로프 마술을 할 수 있는 기본기가 있는 것이다. 어떻게 묶는지에 따라 얼마든지 마술처럼 보여 줄 수 있다.

로프 마술은 비용이 많이 들지 않아 상대적으로 가성비가 좋고, 휴대도 용이하다. 이번 편에서는 회식 자리, 송년 행사 등 크고 작은 모임과 행사에서 여러 사람들 앞에서도 보여 줄 수 있는 로프 마술에 대해서 소개하고자 한다.

▲ 연출 영상

▲ 해법 영상

▲ 마술 도구 구입

2.
마우스 코일 & 휴지 마술

　　이번에 소개할 마술은 휴지를 이용한 마술이다. 우리가 일상생활 속에서 늘 무심코 사용하는 것이어서, 이런 것으로 무슨 마술을 보여 주겠느냐고 생각할지도 모르겠다. 비록 비둘기나 멋진 지팡이가 나오는 화려하고 멋진 마술은 아니지만, 여러 사람들과 함께한 자리에서 옆에 있는 휴지 한 롤을 이용해 유쾌한 웃음을 만들어 줄 수 있는, 마치 놀이와 같은 마술이다.

사실 사람들에게 고정관념에서 벗어나라고 수없이 외치는 나였지만 휴지 같은 물건으로 마술을 하겠노라고 여러 사람들 앞에 서는 것에 대해 그다지 좋은 생각이 들지 않았었다. 그러다 우연히 평소 잘 알고 지내던 여자 마술사가 실제로 이 마술을 하는 것을 본 적이 있다. 나도 모르게 입가에 미소가 지어지는 것을 경험하고, 또 함께한 모든 사람들이 기분 좋게 웃는 광경을 보고 나서야 이 마술에 대해서 다시 생각하게 되었다. 그 후 지금은 종종 이 마술을 사람들에게 보여 주곤 한다.

　　혹시 평소에 자신의 이미지가 딱딱하고 재미없는 사람이라고 생각된다면, 꼭 이 마술을 배워서 실전에서 활용해 보기 바란다. 이전의 이미지에서 탈피해 유쾌하고 즐거운 사람으로 바뀔 것이다. 더군다나 이 마술은 특별한 마술 도구를 굳이 챙겨서 가지고 다니지 않아도 되니, 한번 배워 두면 언제 어디서나 휴지만 있으면 보여 줄 수 있는 공짜 마술 아닌가.

배워봅시다

▲ 연출 영상

▲ 해법 영상

▲ 마술 도구 구입

3.
고무줄 마술

노란색 고무 밴드, 흔히 우리가 고무줄이라고 부르는 것을 가지고도 신기한 마술을 보여 줄 수 있다. 보통 고무줄은 무언가를 임시로 묶어 놓을 때 많이 사용한다. 종이류를 돌돌 말아 놓을 때나, 배달되는 치킨이나 도시락 등까지, 너무나 많은 곳에 사용한다. 사실 일상생활 속에서 고무줄을 많이 사용하면서도, 일부러 고무줄을 구입하거나 한 적은 별로 없는 것 같다. 그처럼 집 안 어딘가에 굴러 다니는데 막상 필요할 때는 잘 안 보이는 그런 하찮은 물건일지 모르나, 마술사의 손에서 이 고무줄은 정말 훌륭한 마술 도구로 다시 태어난다.

고무줄 마술이 신기한 이유는 아마도 우리가 너무나 잘 아는 평범한 물건이어서가 아닐까 싶다. 이 마술을 익힌 뒤에는 고무줄 몇 개만 손목에 착용하고 있다면, 언제 어디에서나 사람들의 이목을 나에게 집중시킬 수 있는 훌륭한 마술이 준비되어 있는 것과 같다.

고무줄로 할 수 있는 마술은 수십여 가지가 있지만, 여기에서는 일반인이 쉽게 할 수 있고 재미있는 마술을 몇 개 골라서 소개한다.

중력을 거스르고 아래에서 위로 올라가는 고무줄 마술은, 보는 사람으로 하여금 "우와, 우와!"하며 감탄사를 연발하게 만들곤 한다. 종종 상대방의 손에 끼고 있는 반지를 빌려, 역시 반지가 아래에서 위로 올라가는 마술로 응용해서 보여 줄 수 있다.

고무줄이 손가락과 손가락 사이를 옮겨 다니는 마술은 연속해서 신기한 현상이 보여지는 마술이고, 서로를 가로막고 있는 두 개의 고무줄이 마치 투명한 고무줄처럼 통과해서 분리되는 마술은 정말 눈 깜짝할 사이에 일어나는 멋진 마술이다.

항상 고무줄 마술의 마지막을 장식하는 별과 하트 고무줄 마술은 사람과 사람, 혹은 연인과의 관계에 대한 이야기와 함께 시작되어 아주 강력한 인상을 남기고 끝나게 되는 마술이다.

이 책에서 소개되는 여러 마술들에 비해 다소 많은 연습을 해야 하지만, 충분한 연습을 통해 내 것으로 만들어 내면, 여러분에게 가장 강력한 무기가 될 것이다.

배워봅시다

▲ 연출 영상

▲ 해법 영상

▲ 마술 도구 구입

4.
심리 마술

　이번에 소개할 마술에는 특별히 정해진 소품이 없다. 그냥 여러분이 가지고 있는 소품으로, 혹은 여러분 주위를 한번 둘러보고 눈에 띄는 물건을 모아다 진행하는 마술이다.

　술자리에서, 혹은 사람들과 커피를 마실 때, 회의 중 쉬는 시간에 가볍게 할 수 있는 마술이다. 하지만 마술의 결과에는 아주 놀라운 반전이 있는 마술이다.

사람의 머릿속 생각을 읽거나, 잠시 후 일어날 일을 예언하는 등의 마술을 '멘탈 매직', 즉 심리 마술이라고 한다. 눈에 보이지 않는 상대방의 생각을 맞히는 것이기 때문에 생각하면 할수록 빠져드는 그런 마술이랄까.

상대방에게 지금 가지고 있는 물건 중 아무것이나 다섯 개를 테이블 위에 올려놓으라고 부탁한다. 혹시 여러 사람이 있다면, 각자 한두 개씩 물건을 꺼내 놓아도 좋다. 지갑, 휴대폰, 담배, 볼펜, 열쇠고리 등등 어떤 물건이라도 좋다.

그리고 상대방은 나와 이야기를 나누며 골라 놓은 물건을 하나씩 치워 놓는다. 사실 나는 이 마술을 시작하기 전에, 종이에 어떤 물건의 이름을 종이에 써서 가지고 있었는데, 놀랍게도 마지막으로 남은 물건은, 내 주머니 속에 있는 종이에 적혀 있는 것과 같다.

이 마술을 정확히 이해하면, 여러분은 언제 어느 자리에서나 상대방이 가지고 있는 물건으로 사람의 마음을 읽고 조정하고 예언할 수 있는 마술을 할 수 있게 된다.

배워봅시다

▲ 연출 영상

▲ 해법 영상

5.
덤팁 & 스카프 마술

이번에 소개할 마술은 언뜻 보면 얄팍한 속임수처럼 보이지만, 하나의 마술 도구로 수십 가지의 응용 마술을 할 수 있는 아주 기가 막힌 마술이다. 전 세계를 통틀어 마술을 하는 사람이라면 누구나 한두 번쯤은 사용해 보았을 마술이다. 기초가 되는 마술이라 한 편으로는 가장 쉽기도 하고, 응용을 해서 사용할 수 있기 때문에 다른 한편으로는 매우 어려운 마술이기도 하다.

덥팁Thumbtip이라고 하는 마술 도구는, 엄지손가락에 착용한다. 상대방의 시선과 각도에 따라 상대방은 바로 코앞에서도 마술사인 내가 덥팁을 착용하고 있다는 것을 전혀 알아채지 못한다. 장갑처럼 엄지손가락을 끝까지 도구 안에 넣는 것이 아니라 첫 번째 마디 정도만 도구에 들어가고, 남은 공간을 이용하는 마술이다. 이 작은 공간 안에 많은 물건이 감춰질 수 있다.

동남아를 여행하다 보면, 밤거리에서 이 마술을 하는 마술사들을 볼 수 있다. 그들은 담배를 사라지게 하거나, 손수건을 사라졌다가 나타나게 하는 마술을 보여 주며 관광객들에게서 팁을 받아 챙긴다. 수십 명이 마술사를 에워싸고 있지만, 누구도 그가 엄지손가락에 착용하고 있는 덥팁을 알아채지 못한다.

이 마술 도구의 특성을 이용해서 천 원권 지폐가 만 원권 지폐로 바뀌는 마술, 목걸이나 반지가 나타나거나 사라지는 마술, 아무것도 없는 손에서 설탕이나 소금을 만들어 내는 마술 등 다양한 마술을 보여 줄 수 있다. 이 덥팁에는 다양한 사이즈가 있기 때문에, 본인의 손가락에 맞는 사이즈를 선택해 사용해야 한다.

▲ 연출 영상

▲ 해법 영상

▲ 마술 도구 구입

6.
미라클 카드 케이스 마술

　이번 편에서는 마술을 처음 접하는 사람들이 아주 손쉽게 카드
마술을 할 수 있도록 해 주는 마술 도구를 소개한다. 하나의 마술
도구로 여러 가지 마술을 응용해서 보여 줄 수 있다.

　쉬운 것부터 차근차근 소개해 보면, 우선 아무것도 없는 상자
에서 카드가 생겨나게 할 수 있다. 또는 반대로 상자에 넣어 둔 카
드가 상자를 닫고 나서 다시 열면 사라져 있게 할 수도 있다. 사라지

게 하거나 나타나게 하는 것이 둘 다 가능하다는 것은, 조금 더 응용해 보면 서로 다른 두 장의 카드가 서로 바뀔 수도 있다는 뜻이다. 즉, 빨간색 하트 카드를 검은색 클럽 카드로 바꿀 수도 있다. 보통 마술을 자주 접하는 사람이 아니라면, 카드를 일부러 찢는다는 생각을 잘 하지 못한다. 하지만, 이 마술을 잘 이해하고 나면, 과감히 상대가 보는 앞에서 카드를 반으로 찢고, 상자에 넣어서 마술 주문을 외운 뒤, 반으로 찢어진 카드가 다시 원래대로 돌아오는 마술도 할 수 있게 된다.

평소에 카드를 잘 다루지 않는 사람이라면, 굳이 카드를 갖고 하지 않아도 좋다. 명함을 가지고도 이 마술을 할 수 있다. 아무것도 쓰여 있지 않은 종이가 명함으로 바뀌는 마술도 가능하고, 점심 식사를 하고 받았던 영수증이 내 명함 혹은 지폐로 바뀔 수도 있다.

응용하기에 따라 무궁무진하게 많은 마술을 할 수 있는 도구여서 이 마술을 꼭 배워 보라고 적극 추천한다.

▲ 연출 영상

▲ 해법 영상

▲ 도구 구입-1

▲도구 구입-2

7.
판도라 상자 & 스폰지 볼 마술

　이번에 소개하는 마지막 마술은 다른 마술들과는 다르게 제법 난이도가 있는 마술이다. 하지만 미리부터 겁먹을 필요는 없다. 이 마술은 준비된 마술을 단순히 짠! 하고 보여 주는 것에서 그치지 않고, 진행 과정에 따라서 여러 번의 마술이 연속적으로 보여지는 마술이다.

　상대방과 천천히 대화를 나누며, 상대에게 질문을 하고 대답을 들고 보여 주는 과정 속에서 상대와 자연스러운 스킨십과 대화를 나눌 수 있다. 이 마술을 관객의 입장에서 보고 있으면, 마치 차근차근 수수께끼를 풀거나 재미있는 이야기를 듣는 것처럼 푹 빠져들게 된다. 그러면서, 어? 뭐지? 우와! 이런 감탄사를 연발하게 되는, 아주 기가 막힌 마술이다.

상자 안에서 나온 상자는 분명히 더 작은 상자일 텐데, 이 작은 상자에 더 큰 상자가 들어간다는 것이 가능할까? 일상에서는 말도 안되는 얘기지만, 이 마술에서는 가능하다. 진행 과정을 유심히 여러 번 반복해서 보고, 한 단계 한 단계 따라하다 보면 여러분도 어느새 이 마술을 마스터하게 될 것이다.

부피가 크지 않아서 가방이나 핸드백에 가지고 다니기 용이해, 언제 어디에서나 사람들에게 보여 줄 수 있다. 알쏭달쏭 퀴즈 같은 재미있는 이 마술은, 어느 자리에서건 여러분을 주인공으로 만들어 줄 것이다.

▲ 연출 영상

▲ 해법 영상

▲ 도구 구입-1

▲도구 구입-2

신
애
란

결혼을 하고 거의 15년 정도를 아이만 키우면서 보냈던 것 같다.

보통 아이들을 등교시키고 나면 오전은 한가한 시간이다. 내 삶이 바뀌는 계기가 되었던 전화를 받았던 그날도, 딱히 할 일 없이 커피 한잔을 즐기고 있었다.

"안녕하세요, 민정이 어머니시죠? 요즘 뭐 하고 계세요? 하시는 일 없으시면 저희 학교 그룹 상담 오시는거 어떠세요. 교육청에서 교육받으시고 들어오시면 돼요."하는 전화였다.

그렇게 우연한 계기를 통해 학생 자원 상담 봉사를 하게 되었고, 그 일을 3년여 기간 동안 해 오면서, 프로그램이 매년 업그레이드는 되었지만 좀 더 학생들에게 재미있게 프로그램을 할 수 없을까 생각하다가 만난 것이 마술이었다.

그렇게 시작된 마술과의 인연이 장애인 복지 센터 친구들에게 4년간의 봉사 활동으로 이어졌고 언제부터인가 내가 특별히 제안서를 제출하지 않아도 여기저기 학교에서 방과 후 마술 수업을 해 줄 수 있냐는 문의 전화를 받게 되었다.

내가 살고 있는 곳이 도시이긴 하지만, 주변에 마술을 배울 수 있는 학원이 없었다. 마술을 위해 기나긴 배움의 전쟁이 시작되었다. 전국에 있는 마술 행사와 마술을 배울 수 있는 곳이라면 정신없이 보러 다니고 배우러 다니기를 3년. 자신감이 생겨 마술 학원과 공연을 할 수 있는 공간을 마련하면서 직업으로서의 마술, 진짜 마술사로서의 삶을 생각하게 되었다.

마술을 조금 더 많이 배우고 싶어서 또다시 여기저기 수소문해 봤지만, 시간적으로나 금전적으로 가정주부인 나로서는 감당하기에 부담이 많이 되었다. 사실 15년 전만 하더라도 지금처럼 마술이 인기가 있거나 대중화되지 않아서, 마술은 신기하지만 사기와 눈속임이라는 인식이 더 많았고, 마술 도구도 접할 수 있는 기회가 많지 않았다.

심지어 남편조차도 마술을 배워서 누굴 속이려고 하냐 했으니 말이다.

사실 마술이 코에 걸면 코걸이, 귀에 걸면 귀걸이다. 똑같은 마술이라도 어떤 사람이 어떻게 하느냐에 따라, 손짓 몸짓에 따라 다르게 보이기도 하기 때문이다.

지금도 여전히 누군가와의 첫 만남은 설레고, 기대 반 걱정 반으로 시작한다. 하지만 그 걱정은 마술 도구 하나를 꺼내는 순간 싹 사라진다. 진짜 마술을 배우지 않으면 알 수 없는 그런 현상이라고 말하고 싶다.

마술을 보여 줄 때, 학생을 만났을 때가 다르고 성인을 만날 때가 달라서, 상대에 따라 다른 마술의 느낌이 참 좋다. 강연에서도 마찬가지다. 마술이 가지고 있는 가장 큰 무기다.

몰입도도 최고이고, 협박용으로도 아주 좋다. 학생들이 수업에 집중하지 않을 때 "마술 안 보여 줄 거야!"한 마디면 모두가 집중하는 효과가 있으니 말이다.

10대는 무대에서 멋있게 공연자를 꿈꾸며 배우고,
20대는 나만의 마술 공연을 할 수 있는 역량을 키우고,
30대는 자기만의 노하우를 쌓아 가고,
장년층이 되면 미래의 취미와 새로운 인생 설계로 인생 2막으로 즐기며,
실버는 인생 3막으론 지역사회 봉사와 노년을 즐거운 인생을 위해,
마술을 배우면 좋지 않을까 생각한다.

시간이 지나 이런 작은 도시에서도 마술을 배울 수 있으면 좋을 것 같아 학원을 차리고 공연장을 만들었다. 마술을 힘들게 배우고 있는 사람들에

게 내가 할 수 있는 것들을 모두 알려 주려고 노력한다.

내가 마술을 하는 이유이기도 하다. 내가 나이가 들었을 때 내 또래의 사람들보다 건강하고, 사회를 위해 봉사하는 삶을 살고 싶어서다.

지금 마술에 관심을 갖고 배워 볼까 생각하시는 여러분에게 진심을 담아 말해 주고 싶다.

마술을 취미로라도 한번 배워 보라고. 아마도 다른 세상을 볼 수 있을 것이다.

1.
실크가 묶이는 통 마술

이 마술은 투명한 원통을 이용해 각각의 세 장의 스카프를 연결하는 마술이다.

누구나 조금만 연습하면 트릭을 들키지 않고 사용할 수 있으며, 크기가 작아서 손쉽게 가지고 다니면서 사용할 수 있다. 다양한 단체 활동과 발표 상황에서 시간이 모자라거나 시간이 남을 때, 이 마술로 내 마음대로 얼마든지 조율할 수 있어서 유용하다. 그뿐만 아니라 사용하는 소품 자체의 화려한 색상으로 인해 별도의 연출 없이도 손쉽게 시선을 끄는 효과가 있다. 무엇보다도 협력, 조화 등의 메시지를 전달할 수 있다는 것이 이 마술의 가장 큰 장점이다.

강연 혹은 강의를 듣기 위해 자리에 앉아 있는 것은 참 힘든 일이다. 재미있으면 다행이지만, 보편적으로 무엇을 배우거나 들어야 하는 자리는 짧은 시간도 길게 느껴지고 지루하다. 만약 여러분이 무언가 교육을 받기 위해 앉아 있는데, 강사가 강의실에 들어와 인사를 건네고는 PPT 화면부터 띄우는 대신 품속에서 투명한 통을 꺼내 무언가 재미있는 퍼포먼스를 시작한다면? 아마도 여러분은 호기심 가득한 눈으로 강사를 바라보게 될 것이다.

"여러분은 세상을 살아가면서 많은 사람들을 만나게 됩니다."

그러고선 강사는 세 장의 스카프를 한 장씩 차례로 꺼내 보여 준다.

빨간색은 '나한테 힘든 사람', 노란색은 '싫어하는 것도 좋아하는 것도 없고 그저 그렇게 바라봐 주는 사람', 파란색은 '서로 마음을 줄 수 있고 가깝게 지낼 수 있는 사람'이라고 이야기한다.

그러고는 그 모든 스카프를 차례차례 투명 통에 집어넣는다.

"이 모든 사람들이 어울려 살아가려면 어떻게 해야 할까요?"

강사는 서로가 가지고 있는 것을 그대로 이해하고 존중해 주는 것이야말로 이 시대 우리가 어울려 살아가는 가장 좋은 방법이라고 덧붙인다.

이후 강사는 입으로 바람을 훅 불어 머리 위로 스카프를 날린다. 그러자 공중으로 분명히 따로따로 넣었던 세 장의 스카프가 순식간에 서로 묶여 붕 날아오른다!

이때 사람들을 환호와 박수를 칠 것이다. 어떻게 순식간에 저렇게 묶여서 나올 수 있을까, 내가 분명히 봤는데, 그것도 투명한 통에서! 모두 고개를 갸웃거린다.

이렇게 시작하는 강의는 어떨까? 사람들을 한순간에 집중시키는, 마술만이 가지는 매력이다.

▲ 연출 영상

▲ 해법 영상

▲ 마술 도구 구입

2.
기분 알아맞히기 마술(마인드 게스)

누구나 한 번쯤은 '남의 마음을 읽을 수 있다면 어떨까'하는 생각을 해 봤을 것이다. 열 길 물속은 알아도 한 길 사람 속은 모르며, 시시때때로 변하는 게 사람의 마음이고 감정이다.

우울하거나 기분이 좋지 않을 때 나의 기분과 마음을 알아주고 대화를 주고받을 수 있는 사람이 있다면 그 사람이 누구든 금방 친해질 것이다. 또 내가 상대방의 기쁨과 우울함, 화난 감정을 미리 알아챌 수 있다면 위로나 공감 등을 제때에 해 줄 수 있지 않을까? 지금부터 소개할 마술이 그런 마술이다.

이 마술을 배우면 누구든지 상대의 현재 기분을 알아맞힐 수 있다. 마술사가 준비할 것은 그저 동그란 통 한 개와 세 개의 감정이 그려진 주사위 한 개면 족하다. 상대방이 주사위에 그려져 있는 그림 중 지금 느끼고 있는 감정을 동그란 통 안에 담아 뚜껑을 닫아 주면, 마술사는 통을 흔들어서 소리를 듣든 텔레파시를 통하든 정확하게 감정을 읽어 낼 것이다.

상대방이 신기함을 느끼면 그때부터 친해지는 것은 금방이다. 심리적 거리가 급격하게 가까워지는 걸 느껴보시라.

이 마술은 낯선 사람과 말문을 틀 때 유용하다. 처음 만난 사람과의 어색함을 풀어 주는 아이스 브레이킹 효과가 있고, 상담을 처음 시작할 때 라포 형성에 효과적이다. 서로에게 간단한 질문과 대답을 주고받으며 그들이 가지는 생각과 마음을 대화로 풀어낼 수 있다면 당신도 멋진 마술사가 될 수 있을 것이다.

이 마술은 배우는 데 1분이면 충분하고, 한 손 안에 쏙 들어오는 크기로 주머니나 핸드백에 넣어 다니기에도 용이하다. 술자리, 사교 모임, 그 어느 곳에서든 거창한 준비 없이 단 1분 만에 주목받을 수 있을 것이다. 마술에서 읽어 낸 감정을 토대로 대화를 더 이어 가는 것도 쉽다.

그럼, 이제 시작해 볼까?

배워봅시다

▲ 연출 영상

▲ 해법 영상

▲ 마술 도구 구입

3.
링킹 삼색 로프 마술

이것은 내가 마술을 막 시작했을 때 가장 처음 접했던 마술이고, 지금도 자주 사용하고 있다. 내가 스스로를 마술사라고 소개하면, 대부분의 사람들이 즉시 얼굴에 미소를 띠며 마술을 한번 보여달라고 한다. 호기심과 궁금증도 있을 테고, 한편으로는 눈앞에서 보여지는 마술의 비밀을 알아내고 싶은 심리도 있을 것이다.

대부분의 마술은 사전 준비라는 것이 필요한데, 이 마술은 거창한 준비 없이 언제 어디서나 간단하게 보여 줄 수 있는 마술이어서 참 좋다. 로프 마술은 마술사들이 가장 많이 보여 주는 마술 중 하나다.

이 마술은 빨강·노랑·파랑 세 가지 색깔의 로프를 사용한다.

우선 세 개의 로프를 각각 매듭을 매어 고리 모양을 만들어 준다. 세 개의 로프를 마술사가 다 묶어도 되지만, 기왕이면 상대방에게 로프를 건네주고 함께 묶는 것이 더 효과적이다. 마술사는 자신과 상대방이 매듭을 묶어 준 세 개의 로프 한 손에 들고, 마술 주문을 건다.

"하나, 둘, 셋!"

주문과 동시에 로프를 잡고 흔들어 주면 어느새 세 개의 로프가 서로 연결되어진다. 그러고서 마술사가 다시 신호를 주면 연결된 고리가 풀리고, 각각 매듭을 지어 놓은 로프로 분리가 된다. 이 마술을 처음 접한 사람은 굉장히 신기해하지만, 가까이에서도 그 트릭을 알아내기가 쉽지 않다.

"끊어진 이 로프를 하나로 만들려면 어떻게 하면 될까요? 보통 많은 사람들은 이렇게 동여맨다고 대답합니다. 천재는 로프 두 개를 어떻게 한 개로 만들까요? 맞습니다! 하나를 버리죠. 그럼 마술사는 어떻게 할까요?"

이 마술을 한 후, 마술사가 위처럼 묻는다면 여러분은 어떻게 대답할까?

이 마술은 인간관계를 이어 주는 역할을 해 줄 수 있는 도구다.

나의 주장을 자연스럽게 표현할 수 있게 해 주고, 사람과의 연결 고리를 만들어 주는 그런 마술이다.

배워봅시다

▲ 연출 영상

▲ 해법 영상

▲ 마술 도구 구입

4.
리턴 카드 마술

나는 주로 강의나 강연을 많이 하는 마술사여서, 마술에 스토리나 메시지를 담아서 보여 주는 것을 좋아한다. 타인과의 관계에 대해 이야기할 때 자주 사용하는 마술을 소개한다.

우리는 세상을 살아갈 때 사람들과 다양한 관계를 맺는다.

서로에게 이득이 되는 좋은 관계가 있는가 하면, 서로에게 상처를 주는 관계도 있을 것이다.

혹은 둘 다일 수도 있다. 사람과 사람 사이의 모든 관계 중에 가장 중요한 관계는 바로 사랑하는 사람과의 관계일 것이다.

부부간의 사랑, 남녀 간의 사랑, 부모 자식 간의 사랑, 친구 간의 사랑 등등 가까운 사람과의 사랑도 중요하지만, 서로 상처를 주었을 때 빨리 관계 회복을 하는 것 또한 중요하다.

이런 관계 회복에 대한 스토리를 만들어 할 수 있는 마술이 바로 이 '리턴 카드'마술이 아닐까 싶다.

이 마술을 하기 위해서는 그림이 같은 종이 두 장만 있으면 충분하다.

우선 같은 그림의 두 장을 준비한다. 이때 한 장은 여러 장으로 찢어서 준비한다.

한 장은 찢어진 크기만큼 접어 놓아야 한다. 그리고서 찢어진 종이 뒤에 숨겨진 접힌 종이를 펼치면 여러 개의 찢어진 종이가 순식간에 하나로 붙어 원래대로 복원이 되는 것처럼 보인다.

앞뒷면을 모두 보여 주고 마무리를 하면 되는데 아주 감쪽같다.

이 마술은 이야기를 하면서, 혹은 잔잔한 음악과 함께했을 때, 효과는 만점이다.

공들여 잘 만들어 놓으면 오래도록 사용할 수 있다.

▲ 연출 영상

▲ 해법 영상

▲ 마술 도구 구입

5.
딜라이트 마술

이 마술은 정말 마법 같은 느낌을 주는 마술이다. 이 마술은 덤팁Thumbtip이라고 하는 엄지 손가락 모양의 마술 도구에 전기 장치가 있는 도구를 사용한다. 불빛을 사용하는 마술이므로 약간 어두운 상황에서 활용해야 좋다. 의도에 따라 굉장히 신비스럽게 연출할 수도 있고, 재미있게 연출을 할 수도 있다.

원래 이 마술은 손끝에 불빛을 만들어 내고, 그 불빛이 양손에서 이리저리 옮겨지는 마술이다. 마술사가 이 마술 도구를 착용하고 각도에 유의해서 사람들 앞에 손을 내밀면, 대부분의 사람들은 도구를 눈치채지 못한다. 사람들의 눈에는 분명히 아무것도 없는 빈손인데, 마술사는 허공에서 불빛을 만들어 내기도 하고, 이 불빛이 눈으로 들어갔다가 귀로 나오기도 하고, 다시 코로 들어가서 입으로 나오는 등의 다양한 연출이 가능하다.

또한 불빛을 얼마나 맛있게 먹는지를 보여 주는 코믹한 연출을 위해 즐거운 음악과 함께 신나게 보여 줄 수도 있다. 이 마술을 배운 사람들이 여럿이 함께 있으면, 서로가 불빛을 던져 주고 받는 등의 재미있는 연출도 할 수 있다.

이 마술의 가장 큰 장점은, 단순하면서도 작아서 언제 어디서는 준비 과정 없이 바로 할 수 있다는 것이다. 또 많은 사람들이 같이 해도 즐겁고 게임을 해도 좋다. 단순하지만 얼마든지 변화무쌍하게 응용해서 연출할 수 있다. 자신의 끼를 발휘할 수 있는 퍼포먼스 도구이면서 사람과 사람을 이어 주어 마음을 전할 수 있는 그런 마술이라고 생각한다.

▲ 연출 영상

▲ 해법 영상

▲ 마술 도구 구입

6.
불빛 이동 장미 마술

잠시 눈을 감고 상상을 해 보자. 오랜만에 받아 보는 꽃바구니에 꽃이 한가득 예쁘게 장식되어 있다. 그것도 좋은 날 깜짝 선물로. 미소가 지어질 것이다.

누구나 살아가면서 한 번쯤은 감동적인 선물을 받고 싶다는 생각을 해 보았을 것이다.

그 선물이 낭만 가득한 꽃이라면 더 감동적일 것이다. 이런 선물은 언제 받아도 기분이 좋을 것이다.

하지만 대개 이런 낭만과 감동은 오래가지 않는다. 아마도 꽃이 하루 이틀 지나고 시들어, 이제 버려야 될 때는 처음과는 다른 생각이 들 수도 있다.

그나마 장미 한두 송이라면 본전 생각이 덜 날 것 같다. 하지만 풍성한 꽃다발이었다면, 본전 생각이 슬슬 날 수도 있는 것 아닌가 말이다. '차라리 현금으로 주지.'이런 생각마저 든다면….

평범하지 않은 특별한 꽃을 선물하고 싶을 때 사용하면 좋은 마술을 소개한다.

꽃도 예쁘고 간단하게 연출 가능하고, 조금 연습을 해서 멋진 퍼포먼스를 보여 줄 자신이 있다면 금상첨화겠지만, 그렇지 않더라도 이 마술은 환상적이다.

이 마술 도구는 불빛이 들어오는 장미 한 송이와, 앞서 소개한 딜라이트 한 개로 구성되어 있다.

간단한 손놀림으로 장미에 불빛이 들어오게 한 다음 입으로 살짝 불었을 때 꺼지게 할 수도 있고, 다른 손으로 그 불빛이 이동하게 할 수도 있다.

그저 타이밍에 맞춰서 장미에 내장된 조명 장치를 켜고 끄기만

하면 될 뿐이다.

연출하기도 간단하고 단시간에 배울 수 있어 연말연시 사내 행사 등 어디에도 찰떡이다.

사랑하는 사람에게, 혹은 모임의 주인공에게 이 마술로 연출을 하면서 선물로 주는 걸 추천한다.

어쩌면 이 마술이 놀랍거나 신기하게 느껴지지는 않을 수도 있다. 그냥 자연스럽게 즐거운 이벤트로 보여 주는 것이 포인트다. 그리고 이 마술의 경우는, 비밀을 알려 주면 또 다른 재미가 있을 것 같다. 두 사람이 호흡을 맞추어 연습을 하면 언제 어디서든 커플로 연출이 가능하다.

한번 도전을 해 보시면 어떨까? 감동이 오래도록 남을 것이다.

누군가를 위해 멋진 이벤트를 해 줄 수 없을까 생각한다면 이 마술을 강력하게 추천한다.

▲ 연출 영상

▲ 해법 영상

▲ 마술 도구 구입

7.
아쿠아 슬러쉬 파우더 마술

이번에 소개할 마술은 물을 사라지게 만드는 마술이다.

우리가 살아가면서 없어서는 안 되는 것들이 참 많지만 그중 하나가 물이다.

일상생활에서 늘 마시는 물이지만, 이 물 또한 신기한 마술의 소재로 활용할 수 있다.

종이컵에 물을 붓고 나서 마술 주문을 걸어 준다. 그러고는 컵을 뒤집으면 물이 온데간데없이 사라져 버린다. 그저 물이 사라진 다는 아주 단순한 현상을 만들어 내는 마술이지만, 다양한 방법으로 응용해서 연출하면 전혀 다른 마술처럼 보여 줄 수 있다.

종이컵에 물을 붓고 갑자기 상대에게 물을 뿌려 보는 것처럼 연기를 하면, 상대방은 순간 깜짝 놀라겠지만 이내 물이 사라졌다는 사실에 놀라워할 것이다.

여러 개의 종이컵 중 하나의 컵에 물을 붓고, 야바위 하듯이 컵을 이리저리 섞은 다음 상대방에게 물이 들어 있는 종이컵을 찾아보라고 할 수도 있다. 상대방의 선택에 따라 종이컵을 하나씩 뒤집기 시작해서 모든 종이컵을 뒤집어도 물이 쏟아지지 않으면 매우 신기하게 생각할 것이다.

아쿠아 슬러쉬 파우더는 고흡수성수지高吸水性樹脂, super absorbent polymer라고 하는 화학 약품을 사용한다. 물에 닿았을 때, 자신의 무게보다 수십 배에서 수백 배까지 물을 흡수하는 수지다.[2] 종이컵에 티스푼 정도의 작은 양을 넣어 두어도 종이컵에 부은 물 정도는 금세 젤리처럼 굳어서 종이컵 안에 붙어 있다. 이 때문에

---

2) 「고흡수성수지」, doopedia(두산백과), https://www.doopedia.co.kr/doopedia/master/master.do?_method=view&MAS_IDX=101013000878263

종이컵을 뒤집어도 물이 쏟아지지 않아서 마치 물이 사라진 것처럼 마술적인 현상을 보여 줄 수 있는 것이다.

물과 컵만 있으면 언제 어디에서나 아주 간단히 이 마술을 보여 줄 수 있다.

동영상을 통해 또 다른 재미있는 연출을 배울 수 있다.

▲ 연출 영상

▲ 해법 영상

▲ 마술 도구 구입

이 성 희

내 인생에서 터닝 포인트는 마술이었다.

사람은 누구나 본능적으로 좋아하는 것에 끌리기 마련이라는데, 20년 동안의 전업주부 생활을 마치고 우연히 만난 마술이 내겐 그런 것이었다. 아이들을 다 키워 놓은 중년의 나이, 복지관에 걸려 있는 현수막을 보고 마치 무엇에 홀린 것처럼 만나게 된 마술. 그 마술에 홀라당 넋이 나가 버려, 학원을 수소문해 제 발로 찾아갔던 것이 지금 생각해도 신기하다.

첫 번째 마술 수업에서 오리엔테이션 시간에 자기소개를 하면서 "마술이 내 인생에도 마술이 되었으면 좋겠습니다."라고 운명 같은 예언의 말을 한 기억이 난다.

마술을 시작한 지 10년이 훌쩍 지난 지금, 나는 관객과 행복한 시간을 공유하는 공연자로, 또 마술교육자로서의 삶을 살고 있다.

마술을 하면서 꾸준히 배우고 연습하는 시간들이 나를 이전보다 더 활발하고 적극적인 성격으로 바꾸어 주었고, 마술이 삶의 활력소가 되어 일상의 삶이 밝고 명랑해지면서 누구보다도 많이 웃는 사람이 되었다.

지금도 거울 앞에서 연습할 때면 문득 나도 모르게 웃고 있는 내 모습을 보고 스스로 대견해하곤 한다. 무대에서 공연을 할 때도, 강단에서 강의를 할 때도 나는 마술을 하고 있다는 그 자체만으로도 행복하다. 마술을 통한 사람과의 만남이 좋다. 사람들에게 마술을 보여 주거나 가르쳐 주면 누구나 신기해하고 재밌어하고 서로 즐거워지니 허물없이 마음을 나눌 수 있게 된다.

평범했던 나를 화려하게 변신시킨 마술의 힘은 참으로 대단하다고 생각한다.

이 책에서 나는 여러분의 비즈니스 현장에서 멋지게 존재감을 높여 줄 수 있는 유용한 무대마술을 소개하기 위해, 내가 가장 좋아하고 또 효과가 좋았던, 검증된 마술들을 엄선했다. 마술을 통한 즐겁고 유쾌한 문화 활동이 결국 사람의 마음을 통하게 해 준다는 사실을 꼭 기억해 주기를 바란다. 이 책을 통해 배우게 될 마술들은 여러분이 사람들과 즐겁게 소통하는 데 도움을 줄 것이며, 결국 여러분의 비즈니스에 날개가 되어 줄 것이다.

물론 어느 정도는 여러분의 노력이 필요하다. 연습의 시간이 때론 지루

할 수도 있다. 하지만 마술을 여러분의 대인 관계 능력을 높이는 요긴한 도
구로 활용한다면, 여러분에게 든든한 힘이 되어 줄 것이라 믿는다.

1.
예언 카드 마술

'마술'하면 떠오르는 가장 대표적인 것 중 하나가 바로 카드다. 한참 마술이 유행이던 시절, 명절이면 TV에서 방영하던 마술 관련 프로그램에서 카드 마술은 단골 메뉴였다. 어쩌면 영화의 한 장면에서 카드 마술을 접해 보았을 수도 있을 것이다. 쉰두 장의 카드를 통해 펼쳐지는 카드 마술은 정말 변화무쌍하고, 그 종류를 다 헤아릴 수가 없을 정도로 많은 카드 마술이 있다. 쉽고 간단하게 할 수 있는 카드 마술 하나를 소개한다.

마술사는 카드를 상대에게 보여 주고 잘 섞은 뒤, 상대방으로 하여금 카드를 한 장 고르게 한다. 고른 카드를 상대가 기억하고, 다른 카드들 사이 자신이 원하는 곳에 다시 집어넣는다.

그러면 마술사가 상대가 고른 카드를 골라내는 마술인데, 이 마술은 상대방이 어느 타이밍에 자신이 고른 카드를 다시 찾게 되는지를 예언한다는 점에서 더 재미있다. 한 번에 두 가지의 마술을 보여 줄 수 있는 일석이조의 마술이랄까.

회식 자리에서 혹은 식사 자리에서 주문한 음식이 나오기 전에 테이블에서 이 마술을 보여 주면 좋다. 혹시 처음 만나는 사람들과의 자리라 해도 괜찮다. 이 마술이 진행되는 동안 자연스럽게 상대방과 대화가 오갈 수 있고, 다소 딱딱할 수도 있는 분위기가 금세 풀어져 즐거운 대화가 시작될 수 있다.

▲ 연출 영상

▲ 해법 영상

▲ 마술 도구 구입

2.
신문지 물 붓기 마술

　마술사들은 무대 위에서 다양한 소품을 활용해 멋진 마술 공연을 보여 준다. 여러 사람들의 이목을 집중시켜야 하기 때문에 화려한 색상이나 멋진 모양의 신기한 도구들이 참 많다. 하지만 꼭 그런 마술 도구가 아니더라도, 신문지와 간단한 소품을 이용해서도 멋진 마술을 보여 줄 수 있다. 약간의 특수한 장치가 필요하지만 누구나 쉽게 보여 줄 수 있는 무대마술을 소개한다.

신문지에 물을 부으면 당연히 종이가 젖게 마련이다. 하지만 이 마술에서는, 신문지를 접고 그 안에 물을 부어도 신문지가 젖거나 찢어지지 않는다. 심지어 신문지를 뒤집어도 물이 바닥에 흘러내리지 않는 신기한 마술이다. 신문지에 부은 물이 사라지게 연출할 수도 있고, 사라진 물이 다시 나오게 할 수도 있어서 상황에 따라 적절히 연출하면 된다.

내가 처음 무대 공연을 했던 날에 이 마술을 하면서 있었던 경험은, 평생 잊혀지지 않을 아찔한 순간으로 기억에 남아 있다. 처음 하는 공연이고, 긴장을 한 탓인지 실수로 이 마술에 사용할 물을 준비해 두지 않았다. 점점 이 마술을 할 차례가 다가오고, 마술 가방 안에 있어야 할 물병은 안 보이고, 그 짧은 시간에 정말 오만 가지 생각이 뇌리를 스쳐 갔다. 지금 같으면 까짓거 마술 하나쯤 빼고 해도 그만이지만, 첫 공연이라 그런 여유가 없었다. 어느새 신문지는 내 손에 있고 어떻게든 해야 하는 그 순간에 관객석에 있는 소주와 음료가 눈에 들어왔다. 마치 처음부터 계획이 되어 있던 것처럼 객석의 테이블에 다가가 관객에게 테이블 위의 소주를 신문지에 부어 달라고 요청했다. 그리고 다시 무대로 돌아와 여유 만만하게 소주가 사라지는 마술을 시전했다. 자칫 실수가 될 뻔했던 공연이 오히려 즉석에서 관객이 참여하는 좋은 공연이 되었다. 그 후 지금은 오히려 송년 행사나 다과 행사에서 이 마술을 보여 줄 때, 관객들이 들고 있는 술이나 음료를 가지고 참여하게 해서 연출하는 것을 더 많이 하곤 한다.

송년회, 신년회, 운동회, 신제품 발표회 등등 크고 작은 행사나 미팅에서, 남들 앞에서 서야 하는 상황이 온다면, 이 마술을 준비해서 활용해 보라고 권해 주고 싶다. 가성비도, 효과도 정말 만점이다.

배워봅시다

▲ 연출 영상

▲ 해법 영상

▲ 마술 도구 구입

3.
어피어링 케인 마술

　이번 편에서는, 마술사들의 무대 공연에 빠지지 않고 등장하는 멋진 지팡이 마술을 소개한다. 아무것도 없는 손에서, 혹은 모자에서, 혹은 작은 주머니에서 길이 1미터는 족히 될 것 같은 마술 지팡이가 마치 한순간 마법처럼 짠! 하고 나타나는 마술이다.

　대부분의 마술들은 마술사가 사람들에게 보여 주기 전에 아무도 모르게 준비를 하는 과정이 있다. 물론 특별한 준비 없이 그냥 있는 그대로 바로 사용할 수 있는 마술도 있지만, 지팡이 마술 같은 경우가 사전 준비가 필요한 대표적인 마술 중 하나다. 이 마술에 사용되는 지팡이는 길게 펼쳤을 때는 약 1미터 정도의 길이로 펴지지만, 준비 과정에서는 약 6~7센티미터 정도의 작은 크기로 접어 둘 수 있다. 그리고 마술사가 지팡이를 사용해야 할 타이밍이 오면, 마술사는 아무도 모르게 작게 접어 둔 지팡이를 손에 감추어 두었다가 안전 고리를 풀어 주기만 하면, 마치 용수철이 튕겨 나가듯이 순식간에 길고 멋진 지팡이로 펼쳐지게 된다.

마술을 이제 막 시작하는 초보 마술사들이 이 지팡이 마술을 손쉽게 하는 방법은, 지팡이 끝에 손수건이나 짧은 로프를 매달아 사용하는 것이다. 작게 접힌 지팡이는 손안에 감추고, 사람들에게 손수건이나 로프를 흔들어 보이다가 마술 주문을 걸고 안전 고리를 풀어 주면 손수건이, 혹은 로프가 지팡이로 변하는 마술이 된다. 여러 사람들 앞에서, 그들의 이목을 한순간에 집중시킬 수 있는 아주 훌륭한 마술이다.

처음엔 지팡이를 다루는 방법을 익히느라 조금 힘들겠지만, 금방 익숙해질 것이다. 용기를 내서 도전해 보자.

▲ 연출 영상

▲ 해법 영상

▲ 마술 도구 구입

4.
꽃과 스카프 마술

마술을 하면서 사람들에게 많이 듣는 말 중 하나가 바로 "마술로 장미꽃을 만들어 주세요!"다. 사람들은 정말 마술사가 아무 때나 짠! 하고 장미꽃을 만들 수 있다고 생각하는가 보다.

미안하지만, 우리도 사람인지라 다 준비가 필요하다. 아무것도 없는 손에서 장미꽃을 만들어 내는 마술은 사실 많은 연습과 센스가 필요하다. 많은 시간과 노력을 투자해야만, 내가 사랑하는 사람

앞에서 멋지게 장미꽃 한 송이를 만들어 선물할 수 있는 것이다. 그래서 이번 편에서는, 조금은 쉽고 간단하게 꽃을 만들어 내는 마술을 소개하려고 한다.

마술사는 손수건 한 장을 준비한다. 손수건을 펼쳐 들고, 사람들에게 앞뒤로 보여 아무런 이상이 없다는 것을 확인시켜 준다. 그런 뒤에 마술을 걸면 손수건에서 예쁜 꽃 한 송이가 피어난다. 그리고 이 마술은 인심이 넉넉해서, 꽃을 한 송이 더 만들어 낼 수 있다. 잔잔한 음악을 틀어 놓고 이 마술을 연출하면, 꽃이 한 송이씩 피어날 때마다 사람들의 탄성과 박수를 받게 될 것이다.

나는 개인적으로 이 마술을 참 좋아해서, 무대공연을 할 때 항상 첫 순서로 보여 주곤 한다. 출가 후 아이들을 키우고 나서 늦게 시작한 마술이라, 친정 엄마는 내가 마술사라는 것을 믿지 않았다. 한번은 친정 엄마를 모시고 공연을 가서 내가 무대 위에서 공연을 하는 모습을 보여 드린 적이 있는데, 엄마에게도 이 마술이 가장 인상 깊었던 모양이다. 공연을 마치고 내려온 나에게 친정 엄마는, 우리 딸이 어쩜 그렇게 이쁘게 마술을 잘하냐고 하셨던 것이 기억난다.

이 마술은 남녀 누가 해도 예쁘고 멋진 마술이다. 거울 앞에서 조금만 연습해도 충분히 할 수 있는 마술이니 가벼운 마음으로 도전해 보자.

▲ 연출 영상

▲ 해법 영상

▲ 마술 도구 구입

5.
컵 & 볼 마술

　이번 마술은 컵과 공을 이용한 마술이다. 어찌 보면 야바위 같기도 하고, 어찌보면 정말 신기해서 마술의 비밀을 알아내 보겠다고 두 눈을 부릅뜨고 몇 번을 다시 봐도 도저히 마술의 비밀을 알 수 없는 재미있는 마술이다.

　마을 꽃 축제에 갔다가 다른 마술사들이 이 마술을 사람들에게 보여 주는 것을 처음 보았는데, 그때 현장에서 '정말 이건 마술이 아니라 마법이구나.'생각했었다.

분명히 컵과 컵 사이에 있었던 공이 컵을 뚫고 바닥에 내려가 있거나, 당연히 있어야 할 자리에 없다가 엉뚱한 컵 속에서 나오기도 했다. 이 마술을 보고 있노라니 도저히 정신을 차릴 수가 없었다. 당연한 것이 당연하지 않게 되는 반전의 연속이랄까, 현란한 마술사의 손놀림에 그저 감탄이 나올 뿐이었다. 그 마술사가 얼마나 존경스럽던지! 후에 우연히 한 무대에서 그 마술사와 공연을 하는 영광이 내게 찾아오기도 했다.

이 마술은 응용하기에 따라 얼마든지 다양한 마술을 만들어 낼 수 있다. 이번 편에서는 동영상을 통해 여러분이 조금만 연습을 해도 충분히 할 수 있는 정도의 마술을 가르쳐 줄 것이다. 내가 처음 겪었던 것처럼, 여러분도 누군가에게 이 마술을 통해 감탄을 불러 낼 수 있다. 언제 어디에서나 컵 세 개만 있으면 단번에 사람들의 마음을 사로잡을 마술사가 여러분 일 수 있다면 정말 멋진 일이 아니겠는가?

이 마술의 비밀을 알고 나면, 마술의 세계가 얼마나 매력적인지 여러분도 알게 될 것이다

마술을 할 줄 안다는 것은 누군가를 행복하게 만드는 강력한

힘을 갖게 되는 것이다.

이제 여러분 차례다. 행운을 빈다.

배워봅시다

▲ 연출 영상

▲ 해법 영상

▲ 마술 도구 구입

6.
세 줄 로프 마술

로프를 가지고 하는 마술은 대단히 화려하거나 현란한 마술은 아니지만, 로프가 주는 평범함과 마술의 신기함이 공존하는 묘한 매력이 있다. 일상생활에서 로프를 사용할 일이 아주 많지는 않다 하더라도, 우리 모두가 알고 있듯이 무언가를 묶을 때 사용하는 평범한 줄 아닌가. 그 로프가 저절로 묶여지거나 풀린다든지, 마치 여의봉처럼 길이가 늘어났다가 줄어드는 마술을 보고 있으면, 저건 한

번 배워 두면 요긴하게 써먹겠다 싶은 생각이 절로 든다.

사실 로프 마술은, 일반적으로 마술을 위해 특별히 제작된 마술 도구를 다루어 보여 주는 마술에 비해서 많은 연습을 해야 한다. 대부분이 손으로 하는 기술이고, 순서를 외워야 하는 마술이다. 마술을 하는 동안 잠시 딴생각이라도 하게 되면 금세 순서가 꼬여 버리는 까칠한 마술이랄까. 사실 요즘은 사람들의 눈에 보이지 않는 특수한 장치가 되어 있는 로프 마술 도구도 많이 나오고 있다. 이런 마술 도구를 사용하면, 조금은 더 쉽게 이전의 로프 마술보다 신기한 장면을 연출할 수 있지만, 나는 그래도 손 기술로 하는 옛날 방식의 로프 마술을 더 선호한다.

이번 편에서는, 특수한 장치가 없어도, 많은 시간과 노력을 들이지 않아도 금방 배워서 할 수 있는 로프 마술을 소개하려고 한다. 그냥 가방이나 핸드백 혹은 외투 주머니에 넣고 나가서 언제 어디에서나 즉석에서 보여 줄 수 있는 마술이다. 음악을 틀어 놓고 연출을 할 수도 있고, 사람들과 대화를 하면서 보여 줄 수도 있다. 내 주변에는 이 마술에 스토리를 집어넣거나 일정한 주제를 가지고 메시지를 전달하는 마술사들도 많다. 이 마술이 충분히 익숙해지면, 여러분도 나름대로의 메시지를 담은 마술로 응용해서 활용해 보기 바란다.

배워봅시다

▲ 연출 영상

▲ 해법 영상

▲ 마술 도구 구입

7.
토치 투 로즈 마술

　사람들이 특별한 기념일 날 상대에게 많이 주는 선물 중 하나
가 꽃이다. 혹은 사랑을 고백할 때, 꽃은 빠질 수 없는 아이템이다.
꽃을 받는 사람들은 대부분 환한 미소로 화답을 하게 되고, 자연스
럽게 사랑과 감사함이 가득한 분위기가 만들어시게 된다. 우리의
삶에서 꽃은 그 자체만으로 훌륭한 윤활유가 아닌가 생각한다.

　이 책을 통해 마술을 배우고 있는 여러분이라면, 장미꽃 한 송

이를 멋진 마술로 전달해 보자. 그리고 기왕이면, 조금 준비가 필요하지만 레벨을 높여 불도 한번 사용해 보자.

이 마술은 철사에 불을 붙여서 불꽃이 장미로 변하는 마술이다.

불을 다룬다는 자체가 일반인들이 보기에는 꽤 마술을 잘하는 것처럼 보여지는 효과가 있다. 언뜻 보기에는 위험해 보이지만, 사실 이 마술을 잘 이해하고 나면 안전하게 불이 꺼지고 장미꽃이 나타난다는 것을 알 수 있다. 처음에는 불을 붙이지 않고 충분히 과정을 연습하고 난 뒤에, 불을 붙여서 연출을 해야 한다. 대범하게 장미를 숨긴 손을 죽 올리면 아무 문제가 없는데, 주저하고 너무 조심스러워하면 손을 데거나 실수를 하게 된다.

혹시 사랑하는 그녀에게 고백을 할 준비를 하고 있다면, 이 장미꽃 안에 반지를 넣어서 연출해 보라고 권해 본다. 불꽃이 장미가 되고, 그 장미 안에서 반지가 나오는 연출로 응용해서 할 수도 있다.

그밖에도 다양한 모임에서 짧은 순간 대중의 이목을 집중시키고, 박수와 환호를 받을 수 있는 마술이니 꼭 배워 보기 바란다.

배워봅시다

▲ 연출 영상

▲ 해법 영상

▲ 마술 도구 구입

조동희

비즈니스

나는 전역 후 자동차 판매 회사의 영업사원으로 일한 경험이 있다. 뜨거운 열정을 가지고 반드시 성공하겠노라고 다짐하고 자동차 세일즈를 시작했지만, 하루 이틀 시간이 가면서 도대체 어디에 가서 어떤 사람들을 만나야 차를 판매할 수 있는지 알 수 없어 너무나 막막했다. 이제 막 전역을 한 20대 중반의 나에게는 주변에 차를 살 만한 지인들이 없었다. 무작정 밖으로 나가서 길 가는 사람을 잡고 자동차를 살 생각이 없냐고 물을 수도 없는 노릇이고, 하루하루 영업소 밖을 나설 때의 막막함이 너무 힘들었다. 그래서 영업소에 조회를 하고, 파이팅을 외치고 밖으로 나와서는 하루 종일 PC방에서 시간을 보내다 퇴근 시간이 되어서 회사에 복귀한 적이 한두 번이 아니었다.

그렇게 방황하던 중에 차를 잘 파는 선배들을 며칠 따라다녀 보고 나서야, 정작 그들은 하루 종일 자동차를 팔러 다니지 않는다는 것을 알게 되었다. 그냥 사람들을 만나고 커피를 마시고 대화를 하고, 그들이 필요할 때 크든 작든 본인 능력 안에서 도움을 주고 애경사에 함께 하면서 인간관계를 다지는 것이 선배들의 진짜 일이었다. 그렇게 시간을 보내는 선배들을 보며 처음엔 그저 땡땡이를 치고 놀러 다니는 것이라고 생각을 했었는데, 오래가지 않아 그게 아니라는 것을 깨닫게 되었다. 당장 내 주변에는 자동차를 살 사람이 없는 것처럼 보이지만, 나와 우호적인 관계의 사람들을 많이 만들고, 그들의 주변에서 사람들이 차를 산다고 할 때 나를 소개해 주도록 만드는 것, 그것이야말로 진짜 영업이고 일이었던 것이다.

이걸 깨닫고 나서부터는, 나도 사람들을 만나면 굳이 자동차 얘기를 늘어놓기보다는, 사람들과의 끈끈한 관계 형성을 위해 더 노력했다. 그러기 위해서는 여러 사람들과 친해지는 것이 제일 중요한데, 이때 내가 할 줄 알던 몇 개 안 되는 마술들이 참 도움이 많이 되었다. 자동차 세일즈를 오래 하지 못하고 결국 다시 행사 무대로 돌아왔지만, 그때의 경험은 이후의 내 삶과 비즈니스에 큰 원칙으로 자리 잡았다.

처음 만나는 사람들과의 어색함을 짧은 시간 내에 해소하고, 그들과 자연스럽게 스킨십을 할 수 있고, 결국 웃음으로 대화를 이끌어 갈 수 있는 리더십은 비즈니스를 하는 사람들에게 반드시 필요한 능력이다. 나는 이 책을 통해서, 다양한 비즈니스 현장에서 실제로 자주 활용하는 마술들을 소개하려고 한다. 단 한두 가지의 마술이라도 열심히 연습해서 여러분의 것으로 만들 수 있다면, 그리고 자주 활용한다면 분명히 당신의 비즈니스가 더 즐거워질 것이라고 약속한다. 인기인으로 변신할 준비가 되었다면, 이제 시작해 보자!

1.
숫자 카드 마술

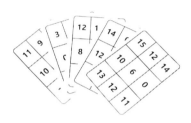

　이 마술은 지갑 속에 넣을 수 있는 여섯 장의 카드로 이루어져 있어서 지갑 혹은 가방에 휴대하기가 용이하고, 언제 어디에서나 즉석에서 별다른 준비 없이 바로 보여 줄 수 있는 마술이다. 쉽고 간단한 마술이지만, 마술의 결과는 정말 신기하고 재미있다. 만약 처음 만나는 사람이 여러분의 나이, 생일, 혹은 첫째 자녀의 나이, 심지어 나의 첫사랑이 몇 살 때 였는지를 알아맞힌다면 어떤 기분이

들겠는가?

　나는 지갑 속에서 다섯 장, 혹은 여섯 장의 카드를 꺼내 손에 들고, 상대방에게 한 장씩 보여 주며 상대가 생각하고 있는 숫자가 그 카드 안에 들어 있는지 물어본다. 마술을 보는 사람은, 그저 내가 보여 주는 몇 장의 카드를 보고, 그 안에 쓰여 있는 여러 개의 숫자 중에 자신이 생각하고 있는 숫자가 있는지 없는지, "YES"혹은 "NO"로 대답만 해 줄 뿐이다. 그럼에도 불구하고, 나는 상대가 생각하고 있는 숫자를 정확히 읽어 낸다. 상대가 거짓말을 하지 않는 이상, 그리고 내가 간단한 암산을 실수하지 않는다면, 상대가 몇 번을 반복해서 다른 숫자로 바꾸어 해 봐도 나는 100퍼센트 그 숫자를 맞힐 수 있다. 그리고 상대는 이렇게 외칠 것이다. "도대체 어떻게 하는 거예요?"

　이 마술은 탁월한 아이스 브레이킹 효과를 가지고 있다. 내가 상대에게 "당신이 마음속으로 생각한 숫자를 맞히겠습니다."라고 하는 순간부터, 상대는 강한 호기심이 발동한다. 그리고 내가 던지는 간단한 질문에 상대는 대답할 것이고, 이렇게 오가는 자연스러운 대화 속에 상대는 나와 즐거운 소통을 시작하게 된다. 이 마술 도구는 일반적으로 두 가지 버전으로 시중에 판매되고 있는데, 다섯 장 혹은 여섯 장의 카드로 구성되어 있다. 이 카드 뒤에 여러분이 하고 있는 사업과 관련된 내용을 넣어 별도로 제작해 홍보물로 활용할 수도 있다. 만약, 상대가 나의 중요한 비즈니스 파트너 혹은 고객이라면, 저녁 한끼를 맛나게 얻어먹고 이 마술을 선물로 가르쳐 줘도 좋다. 분명 그는 여러분과 한걸음 더 가까워질 것이다. 이제 이 마술을 배워 보자!

배워봅시다

▲ 연출 영상

▲ 해법 영상

▲ 도구 구입-1

▲도구 구입-2

2.
스카치 & 소다 마술

이 마술은 동전으로 하는 마술 중 가장 강력하고 재미있는 마술이다. 마술사가 보여 주는 수많은 마술 중에서, '무언가가 사라지고 나타나는 것'은 마술의 가장 대중적인 현상 중 하나이다. 그런데 특히 이 동전 마술은 더할 나위 없이 완벽하게 이 현상을 구현해 낸다.

나는 열아홉 살 때 이 마술을 처음 배웠는데, 그 당시 내가 하던 마술 중에 가장 신기하고 재미있는 마술이었고, 이 마술만큼은 몇 번을 해도 상대가 감쪽같이 속아 넘어갔으며, 단 한 번도 들켜 본 적이 없다. 그리고 사람들도 내가 보여 주는 마술 중에, 이 마술을 가장 재미있어했다.

나는 주머니에서 외국 동전 두 개를 꺼내 상대에게 보여 준다. 은화銀貨와 동화銅貨다. 그러고는 이 동전을 손바닥 위에 올려놓고 주먹을 쥐고 나서 마술을 주문을 외운 뒤 손을 펴면 놀랍게도 동전 하나가 사라져 있다. 그 후 사라진 동전은 나의 바지 주머니에서 나오게 된다. 조금 더 응용을 해서 이렇게 보여 줄 수도 있다. 상대의 손바닥 위에 500원짜리 동전, 그리고(일반적으로) 은화와 동화를 가지런히 펴서 올려놓는다. 상대에게 가장 빠른 속도로 주먹을 쥐어 보라고 주문한 뒤, 동전 세 개가 들어 있는 상대의 주먹에 마술을 걸고 다시 손을 펴 보게 하면, 역시 동전 하나가 사라져 버리고 두 개의 동전만이 남아 있다. 그리고 사라진 동전은 나의 주머니에서 나오게 된다.

이 마술은 정말 귀신이 곡을 할 정도로 쥐도 새도 모르게 이루어진다. 나는 늘 이 마술을 보여 줄 때, 세상에서 가장 빠른 마술을 보여 줄 거라고 말하며 시작한다. 상대의 손바닥 위에 올려놓고 동전 하나가 사라지는 방법으로 연출을 할 때는, 내가 만약 실패하면 오늘 저녁을 사겠다고 이야기를 한다. 그러면 상대는 재미있어하며 이 마술에 더 집중하게 된다. 이 마술은 상대와 대화를 하고 손을 잡는 등의 자연스러운 스킨십이 일어나고, 마치 상대와 게임을 하듯이 진행되기 때문에 아이스 브레이킹 효과 면에서도 탁월하다. 만약 여러분이 이 마술을 배워서 상대에게 보여 준다면, 아마도 이 마술을 본 대부분의 사람들은 여러분에게 한 번만 더 해 보라고 말할 것이다. 원래 마술은 한 번만 하는 것이다. 기왕 이 원칙을 어기고 한 번 더 보여 주는 거라면, 그 대가로 저녁 한 끼 정도는 얻어먹어야겠다고 유쾌하게 말해 보기 바란다. 이 마술을 통해 중요한 비즈니스 상대와 저녁 한 끼를 하는 시간을 벌었다면, 충분히 투자해 볼 만한 마술 아닌가?

▲ 연출 영상

▲ 해법 영상

▲ 마술 도구 구입

3.
담배 사라지기 마술

　이 마술은 평범한 내 손을 신비한 힘이 가득 담긴 마술사의 손으로 만들어 주는 놀라운 마술이다. 이 마술의 비밀을 알게 되는 순간, 당신은 어쩌면 "이건 그냥 속임수지!"라고 외칠지도 모른다.

　언제부터 했는지도 모를 만큼 오래된 고전 마술 중 하나인데, 단순하지만 효과는 강력하다. 이 마술은 넓은 공간에서 많은 사람들을 대상으로 보여 줄 때 더 효과적이다. 수많은 사람들의 이목이

집중되어 있는 상황에서도, 나는 힘들이지 않고 능숙하게 무언가 물건이 내 손에서 사라지는 마술을 보여 줄 수 있다.

나는 사람들에게 담배(혹은 담배 크기의 나무젓가락, 연필, 반으로 접은 빨대도 충분히 가능하다)를 한 개비 들고 이 담배에 마술을 걸어 보겠다고 호기롭게 외친다. 그러고는 다른 쪽 주먹 안에 담배를 잘 밀어 넣는다. 그 뒤 이 주먹에 마술을 걸어 준다. 그것이 주문이 되었건 입김이 되었던 상관없다. 그저 무언가 단순한 동작을 했을 뿐인데, 주먹 안에 담배가 온데간데없이 사라지게 된다. 그렇게 여러 사람이 두 눈을 똑바로 뜨고 봤음에도 불구하고 정말 감쪽같이 말이다! 그리고 내가 원한다면, 언제든 다시 나타나게 할 수도 있다.

이 마술은 여러 사람들 앞에서 보여 줄 수 있는 마술이다. 특별한 행사에 사회를 보게 되었거나, 여러 사람에게 무언가를 발표할 때, 산만해진 사람들의 주의를 한 번에 여러분에게 집중시킬 수 있는 그런 마술이다. 그동안 여러분이 회식 자리에서, 송년 행사에서, 야유회에서. 혹은 부모님 칠순 잔치에서 여러 사람들을 대상으로 무언가 보여 줄 만한 특별한 개인기가 없었다면, 이 마술을 우선적으로 추천한다. 이제 주인공은 여러분이다.

▲ 연출 영상

▲ 해법 영상

▲ 마술 도구 구입

4.
3 카드 몬테 마술(333 카드)

이 마술은 나의 지갑 속에서 항상 준비되어 있는 베스트 마술 중 하나다. '마술'혹은 '마술사'라는 단어를 들었을 때, 많은 사람들이 카드 마술을 생각한다. 그만큼 카드는 마술사들이 즐겨 사용하는 단골 아이템이다.

사실 대부분의 카드 마술은 한 덱(화투는 한 목, 카드는 한 덱deck이라고 표현한다)을 가지고 하는데, 비즈니스를 하는 입장에서 이렇게 카드 한 덱을 가지고 다니기가 쉽지 않다. 하지만, 이 마술은 단 세 장의 카드만 있으면 충분하다. 지갑에 넣고 다닐 수 있는 크기여서 휴대도 용이하며, 언제 어디서든 바로 꺼내서 활용할 수 있다. 무엇보다도, 내가 마술을 진행하는 동안 자연스럽게 상대가 나의 마술에 동참하게 되며, 상대의 손안에서 마술이 일어난다는 점에서 매우 유용하다고 할 수 있다.

나는 상대에게 재미있는 카드 마술을 보여 주겠다고 말하고 지갑에서 세 장의 카드를 꺼낸다. 카드를 잘 포개어 잡은 뒤 상대에게 보여 주는데, 하트 2, 3, 4번 카드다. (카드 모양과 숫자는 제품에 따라, 그리고 여러분이 만들기에 따라 다를 수 있다.) 카드를 뒤집어 상대에게 가운데에 있던 '하트 3번'카드를 뽑아 테이블 위에 내려놓아 달라고 부탁한다. 상대에게 테이블 위의 카드를 손으로 덮어 꼭 누르고 있어 달라고 한 뒤, 상대의 손등에 마술을 걸면 '하트 3번'이었던 카드가 어느새 '하트 Q'카드로 바뀌게 된다. 이 마술의 결과를 본 순간, 상대는 믿을 수 없다는 표정으로 나를 바라보며 "도대체 어떻게 한 겁니까?"라고 외치게 되는 것이다.

여러분이 비즈니스 상대와 식사를 하기 위해서, 식당에 갔다고 가정하자. 주문을 하고 나면, 음식이 나오기까지 적어도 몇 분 정도는 기다림의 시간이 필요하다. 음식이 나올 때까지 여러분은 상대와 무언가 공감대가 형성되는 대화를 하기 위해 노력할 것이다. 가벼운 신변잡기부터 가족, 취미 등등. 대부분의 사람들이 그렇게 시작한다. 대화의 기술이 부족한 사람들에게는 이 시간이 참 어려운 시간이다. 하지만, 이 마술을 배우게 된다면, 여러분은 이 시간을 가장 즐겁고 재미있게 이끌어 갈 수 있다. "음식이 나오는 동안 재미있는 마술을 하나 보여 드리겠습니다."라고 시작하며 이 마술을 사용하게 된다면, 상대와 즐겁고 유쾌한 식사 시간이 될 것이라 확신한다. 앞으로 갖게 될 수많은 식사 자리, 술자리, 커피 타임을 즐겁게 만들기 위해서 이 마술을 배워 보자.

배워봅시다

▲ 연출 영상

▲ 해법 영상

▲ 마술 도구 구입

5.
지폐 & 동전 마술

    이 마술은 내 주머니 속에 있는 동전, 혹은 지갑 속에 있는 지폐 한 장을 가지고 보여 줄 수 있는 마술이다. 특별한 도구를 사용하는 것이 아니고 일상에서 늘 사용하는 것을 이용해 보여 주는 마술이기 때문에, 언제 어디에서나 사람들에게 재미있는 마술을 보여 줄 수 있다. 다른 마술도 그렇지만, 돈을 가지고 마술을 보여 주겠다고 하면 사람들은 더 높은 집중도를 보여 준다. 상대에게 지폐를 빌려서 보여 주면 더 재미있게 연출을 할 수 있다.

나는 지갑에서 지폐 한 장을 꺼내 양손으로 잡고 상대에 보여 준다. 지금 손에 들고 있는 지폐 외에는 아무것도 없다는 것을 확인 시켜 주기 위해 왼손 오른손을 차례로 펴 상대에게 확인시켜 주고, 손에 들고 있는 지폐마저도 앞뒤로 확인시켜 준다. 그리고 지폐를 잘 접어 마술을 걸면, 내가 들고 있는 지폐는 동전 하나를 만들어 낸다. 나는 보통 이렇게 마술로 만들어진 이 동전을 가지고 손안에 서 순간 사라지기도 하고 나타나기도 하는 마술을 보여 주곤 하는 데, 이번 편에서는 일단 동전이 나오는 마술 까지만 소개한다.

마술사가 사람들에게 마술을 보여 주기 위해서는 뭔가 '물건'이 필요하다. 마술을 위해 특별히 제작된 도구를 사용하면 상대적으로 조금 더 쉽게, 그리고 다양한 마술을 보여 줄 수 있다.

하지만, 이런 마술 도구를 내가 지금 당장 가지고 있어야만 마 술을 보여 줄 수 있다. 여기에 비해 동전이나 지폐를 이용한 마술은 굳이 챙겨서 다닐 필요가 없다. 내 주머니에 없으면 상대에게 잠깐 빌려서 사용하면 되니 말이다. 그리고 이렇게 일상 도구로 하는 마 술은 한번 익혀두면, 평생 두고두고 써먹을 수 있다. 가장 쓸모 있 는 좋은 마술이 아닐까 싶다. 대신에 연습을 많이 해야 한다는 점을

밝혀 두며, 이제 돈을 이용한 마술을 배워 보자.

배워봅시다

▲ 연출 영상

▲ 해법 영상

6.
빨대 마술

우리가 일상생활 속에서 한 번 사용하고 버려지는 무수한 보잘 것없는 것들 중 하나가 바로 빨대다. 막상 필요할 때 없으면 불편하면서도, 있어도 딱히 고마운 줄 모르는 그런 존재가 빨대 아닌가. 사람들과 테이크아웃 커피를 마시고 나서, 혹은 직장 동료들과 햄버거 세트로 점심을 해결했다면, 사용하고 난 빨대를 이용해 재미있는 마술을 보여 줄 수 있다. 어쩌면, 마술이라기보다 퍼즐 같은 느낌이

들기도 하는 이 마술은, 언뜻 보면 나도 할 수 있을 것 같은데 막상 해 보면 잘 안되는 그런 장난기 가득한 마술이다.

나는 사용하고 난 빨대 두 개를 냅킨으로 잘 닦아 양손에 하나씩 들고 상대에게 빨대를 이용한 마술을 보여 주겠다고 말한다. 상대가 보는 앞에서 빨대를 이리저리 꼬아 단단하게 묶고 나서는, 빨대의 매듭에 살살 입김을 불어 주며 마술을 걸어 주면 서로 뒤엉켜 있던 빨대가 스르륵 풀려나오게 된다. 이 마술을 보여 주면, 대부분의 사람들이 자신도 해 보겠다고 빨대를 달라고 하는데, 거의 실패한다.

이 마술은 대단히 놀랍거나 신기한 마술적 현상을 보여 주지는 않는다. 퍼즐의 해법을 알고 있는 나는 되는데, 해법을 모르는 상대는 아무리 해 봐도 안 되는 그런 얄궂은 마술이다. 하지만 커피 타임 혹은 식사 시간 이후에 즐거운 대화를 시작하기에 좋은 소재가 될 수 있다. 나는 여러분에게 이 책에서 다루는 여러 마술의 비밀을 지켜 달라고 정중히 부탁한다. 하지만, 혹시 상대가 이 마술에 흥미를 갖고 재미있어한다면, 이번 마술만큼은 상대에게 친절히 가르쳐 주는 시간을 즐겨 보라고 조심스럽게 제안하고 싶다. 그동안 이 마술을 수없이 해 오면서, 내가 마술을 보여 주는 시간보다도 이 마술을 가르쳐 주는 시간이 더 상대와 유쾌하고 즐거웠기 때문이다. 혹시 상대가 갑이라 할지라도, 마술의 비밀을 가르쳐 주었으니 오늘 식사비는 당신이 계산하라고 유쾌하게 말해 보기 바란다. 그동안 나는 이 방법이 매우 성공적이었다. 행운을 빈다.

배워봅시다

▲ 연출 영상

▲ 해법 영상

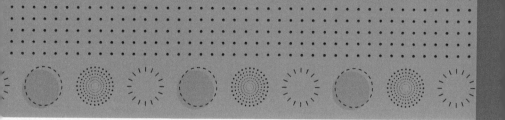

부록 ▶

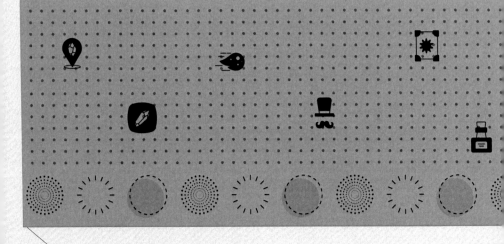

부록 1

마술을 보여 주면서 꼭 기억해야 할 것들

1. 마술의 결과를 미리 말해 주지 않는다.

2. 같은 마술을 같은 자리에서 연속해서 두 번 보여 주지 않는다.

3. 마술이 끝나고 나서 마술 도구를 상대방에게 건네주지 않는다.

4. 충분한 연습을 하고 나서 다른 사람에게 보여 준다.

5. 마술의 비밀을 말해 주지 않는다.

6. 마술을 진행하는 과정에서 상대가 마술에 참여하게 하고, 소통
   하려고 노력한다.

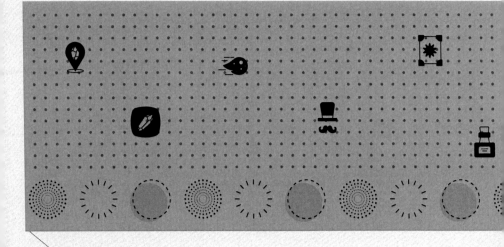

부록 2

1. 마술교육 프로그램

  1) 각종 교육 및 연수 특강

  2) 직장인을 위한 '비즈니스 매직'프로그램

  3) 임원 및 CEO를 위한 '감성경영'프로그램

2. 가족 캠프

  1) 1일 캠프 프로그램

  2) 1박 2일 캠프 프로그램

3. 북 콘서트 프로그램

1) 저자와 함께 하는 북 콘서트

2) 북 콘서트 + 마술교육 체험 프로그램

3) 오프라인 & 온라인 진행(ZOOM)

4. 마술 공연

1) 비전 선포식, 송년 행사, 각종 기념 행사 마술 공연

2) 브랜드 마케팅

기타 지원: | 비즈니스매직.kr |

· 마술교육 프로그램 진행 및 강사 요청

· 동영상 재생 문제 발생시 문의

· 마술 도구 구입 링크 문제 발생시 문의

저자 약력

✦

고삼식

마술교육지도사·평생교육사

블루매직 대표

㈔한국마술문화협회 거제지부장

IMS(국제마술사협회) 회원

2019 대한민국청춘마술연합회회장

2021 공무원연금공단부산지부 마술 강사

구성본

마술강사·매직 프로듀서

매직스쿨기획 대표

㈔한국마술학회 정회원·마술교육분과 이사

VTF보험법인 비즈니스 매직 특강 다수 진행

메리츠화재보험 대전지역단 비즈니스 매직 특강

김영작

㈔한국마술학회 마술교육전문강사

쌍용자동차 사내 마술교육 강의

쌍용자동차 직원 대상 마술 특강

에바다 복지원 장애우 대상 공연연출 지도 및 공연

평택신평지역 재생사업부 마술교육 진행

교육 창의마술 마을학교(아빠스쿨) 프로그램 진행

신애란

마술교육 지도사

라온매직 교육마술연구소 대표

기업교육전문강사(3대법정교육/산업안전/개인정보/성희롱)

교육부 꿈길 진로체험기관 운영

문화예술평생교육 큐브협동조합 이사장

구미시 양성평등 마을강사

이성희

한국마술협회 교육마술지도사

매직팡(마술회사) 대표

現 도봉문화정보 도서관 이야기 마술단 강의

前 도봉구 우수평생교육 프로그램 너나우리 마술단 강사

前 서울 동산초 위촌초 번동초 도봉초 금화초 방과후 마술 강사

前 서대문 청소년 수련관 청소년대상 마술 강사

조동희

마술교육지도사·평생교육사

現 ㈜아티스트뱅크 대표이사

現 극단 공연마켓 단장

前 동아보건대학교 마술학과 교수

저서: 『마술교육 가이드』, 『영업하는 마술사』, 『어쩌다, 마술』

(공저)

영상 촬영 및 편집　신석근

사진 촬영　　　　윤지원